100 FAKTA OM FRIMÄRKEN

Res genom filatelistisk historia

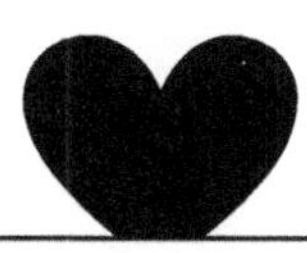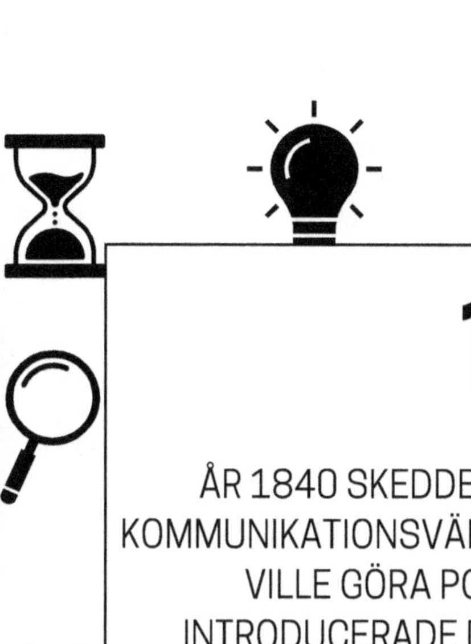

1

ÅR 1840 SKEDDE EN REVOLUTION I KOMMUNIKATIONSVÄRLDEN. ENGLAND, SOM VILLE GÖRA PORTO ENKLARE, INTRODUCERADE DET ALLRA FÖRSTA FRIMÄRKET I VÄRLDEN, "PENNY BLACK". INNAN DENNA INNOVATION STOD KOSTNADEN FÖR ATT SKICKA ETT BREV VANLIGTVIS AV MOTTAGAREN, VILKET OFTA VAR PROBLEMATISKT. MED INTRODUKTIONEN AV "PENNY BLACK" BLEV POSTSYSTEMET FÖRBETALT, VILKET GJORDE DET ENKLARE OCH EFFEKTIVARE ATT SKICKA POST. DENNA LILLA BIT SVART PAPPER, DEKORERAD MED PORTRÄTTET AV EN UNG DROTTNING VICTORIA, MARKERADE BÖRJAN PÅ EN NY ERA INOM FILATELI OCH KOMMUNIKATION.

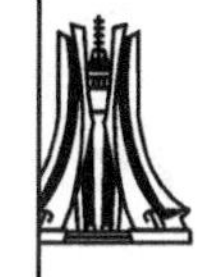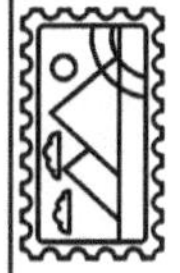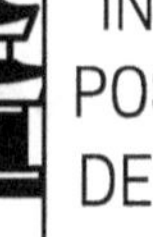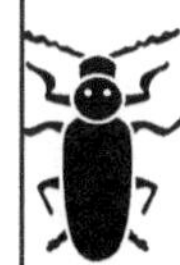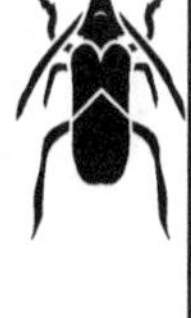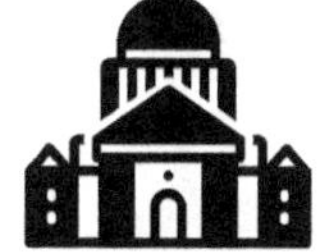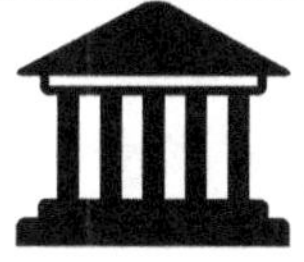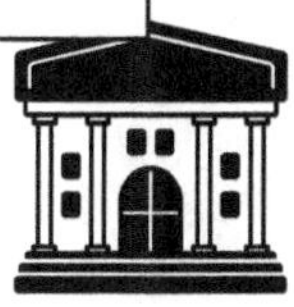

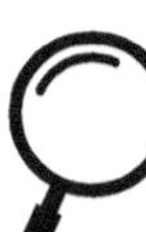
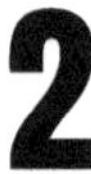
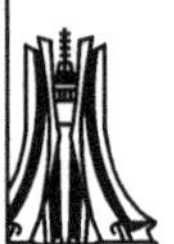
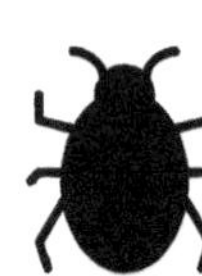
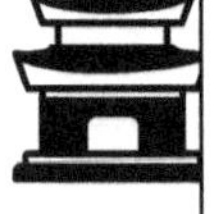
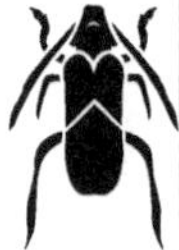
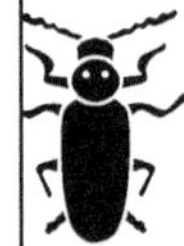

2

I MITTEN AV "PENNY BLACK" FINNS EN ELEGANT BILD AV DEN UNGA DROTTNING VICTORIA, SOM DÅ BARA VAR 21 ÅR GAMMAL. DETTA PORTRÄTT, AV KONSTNÄREN WILLIAM WYON, VAR BASERAT PÅ HENNES MEDALJONG FRÅN 1837. BILDEN AV DROTTNINGEN, MED SIN LAGERKRANS, SYMBOLISERADE INTE BARA VIKTORIANSKT STYRE UTAN OCKSÅ DET BLOMSTRANDE BRITTISKA IMPERIET. ÄVEN OM "PENNY BLACK" BARA ANVÄNDES I ETT ÅR INNAN DEN ERSATTES AV "PENNY RED" (AV SKÄL FÖR FRIMÄRKETS SYNLIGHET), FÖRBLEV PORTRÄTTET AV DROTTNING VICTORIA EN CENTRAL DEL AV DE BRITTISKA FRIMÄRKENA UNDER STORA DELAR AV HANS REGERINGSTID.

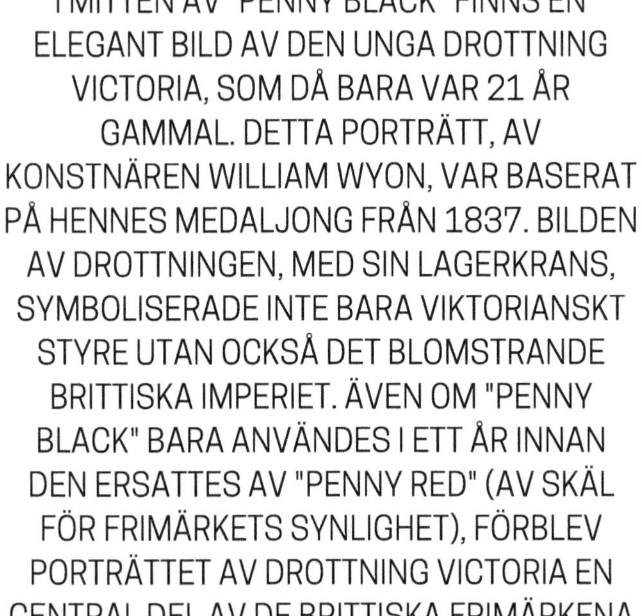
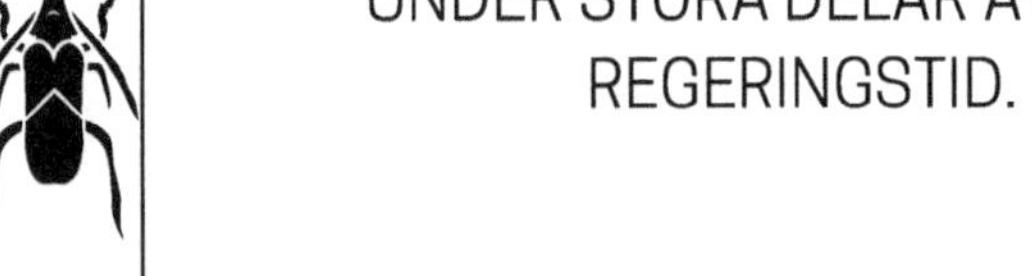

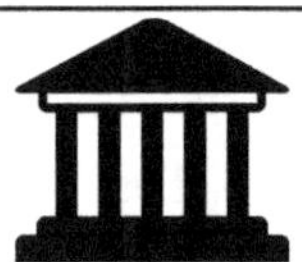
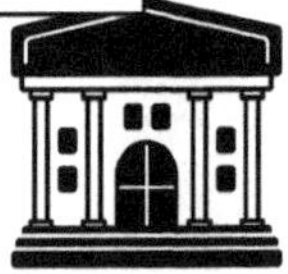

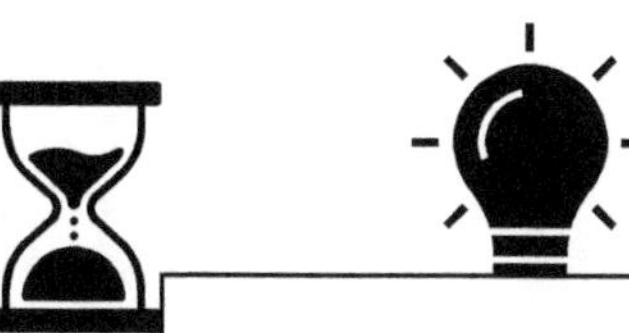

3

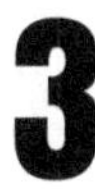
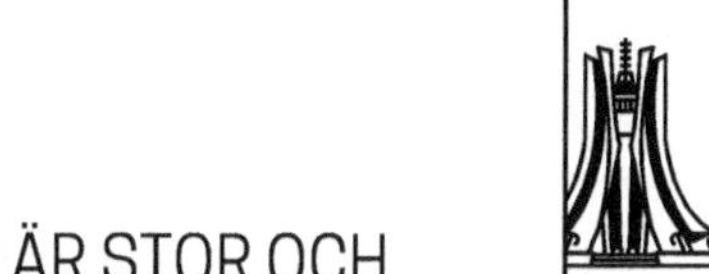

FRIMÄRKENS VÄRLD ÄR STOR OCH FASCINERANDE, OCH DEN HAR GETT UPPHOV TILL EN PASSION SOM KALLAS FILATELI. FILATELISTER, OFTA BETRAKTADE SOM KULTUR- OCH KOMMUNIKATIONSHISTORIKER, SAMLAR, STUDERAR OCH VÅRDAR FRIMÄRKEN FRÅN HELA VÄRLDEN. VARJE FRIMÄRKE, VARE SIG DET ÄR VANLIGT ELLER SÄLLSYNT, BERÄTTAR EN HISTORIA: OM ETT LAND, EN KULTUR, EN ERA ELLER EN HÄNDELSE. FÖR VISSA ÄR FRIMÄRKSSAMLANDET EN HOBBY, FÖR ANDRA ÄR DET EN SERIÖS STRÄVAN EFTER SÄLLSYNTA MYNT ELLER SPECIALUTGÅVOR. HUR SOM HELST, FRIMÄRKSSAMLANDET ERBJUDER ETT FÖNSTER IN I DET FÖRFLUTNA, NUET OCH IBLAND ÄVEN FRAMTIDEN, GENOM SMÅ, UTSMYCKADE PAPPERSLAPPAR.

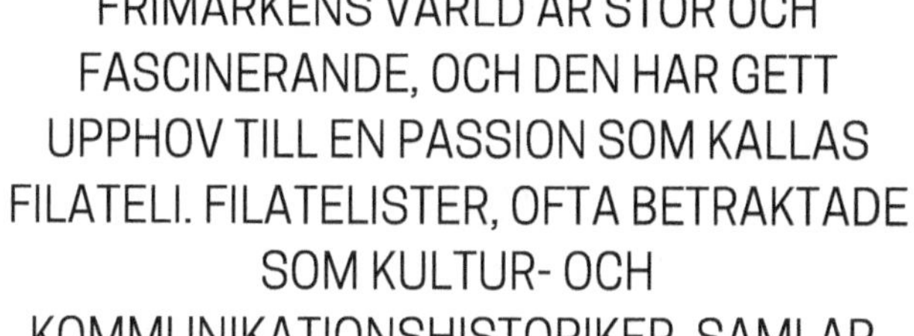
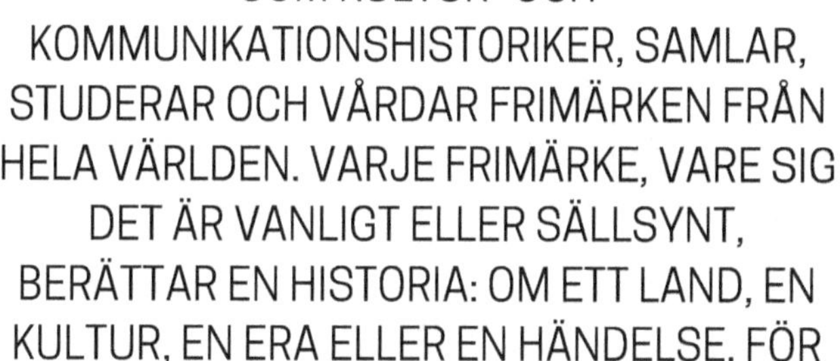
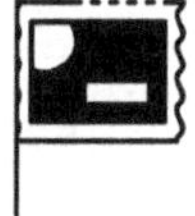
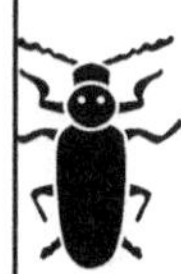
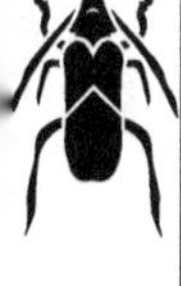

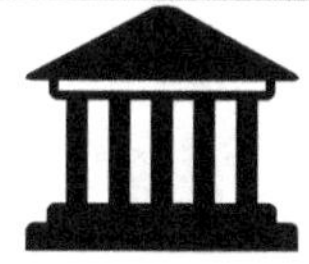
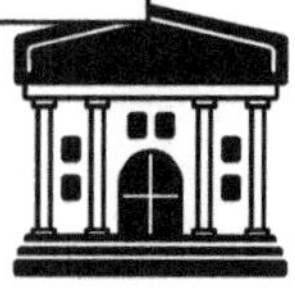

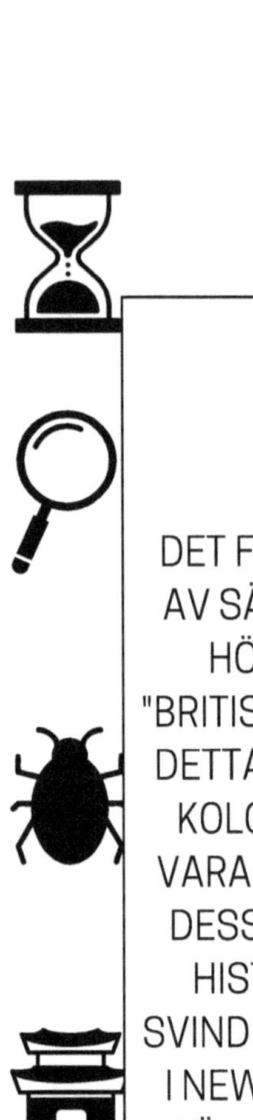
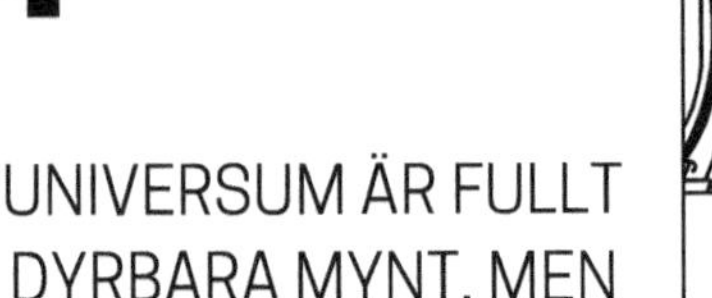
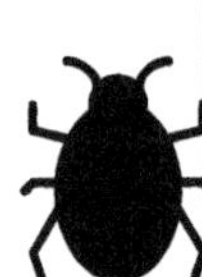
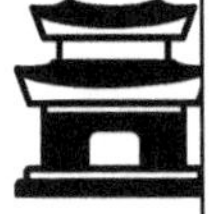
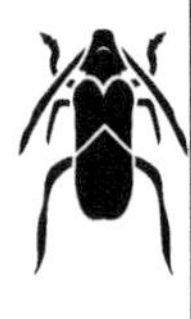
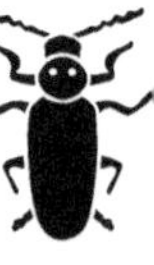

4

DET FILATELISTISKA UNIVERSUM ÄR FULLT
AV SÄLLSYNTA OCH DYRBARA MYNT, MEN
HÖJDPUNKTEN I DENNA SAMLING ÄR
"BRITISH GUYANA 1C MAGENTA" FRÅN 1856.
DETTA FRIMÄRKE, UTGIVET I DEN BRITTISKA
KOLONIN GUYANA, ÄR UNIKT OCH ANSES
VARA DEN "HELIGA GRAAL" AV FRIMÄRKEN.
DESS SÄLLSYNTHET OCH FASCINERANDE
HISTORIA HAR DRIVIT DESS VÄRDE TILL
SVINDLANDE HÖJDER. 2014, PÅ EN AUKTION
I NEW YORK, SÅLDES DETTA LILLA PAPPER
FÖR ETT SVINDLANDE BELOPP PÅ ÖVER 9
MILJONER DOLLAR, VILKET SATTE
VÄRLDSREKORD FÖR ETT FRIMÄRKE.

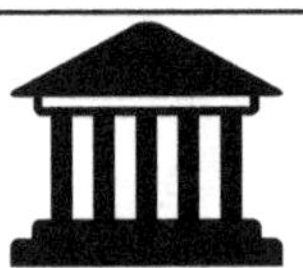
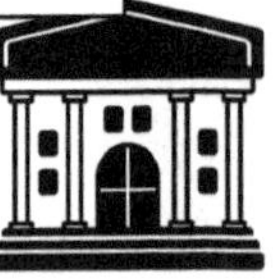

5

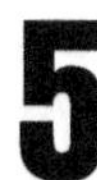
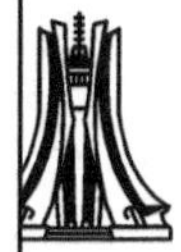

I FILATELINS NOGGRANNA VÄRLD KAN ETT LITET MISSTAG FÖRVANDLAS TILL EN STOR UPPTÄCKT. TRYCKFEL, SOM SAKNADE FÄRGER, OMVÄNDA BILDER ELLER FELAKTIGA ÖVERTRYCK, KAN FÖRVANDLA EN VANLIG STÄMPEL TILL EN SÄLLSYNT SKATT. DESSA "KONSTIGA" FILATELIKER, SOM DE OFTA KALLAS, ÄR MYCKET EFTERTRAKTADE AV SAMLARE. TILL EXEMPEL ÄR DEN BERÖMDA "INVERTED JENNY", EN AMERIKANSK STÄMPEL SOM VISAR ETT FLYGPLAN TRYCKT UPP OCH NER, EN AV DE MEST KÄNDA OCH VÄRDEFULLA FELTRYCKEN.

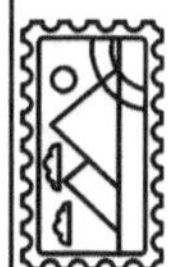

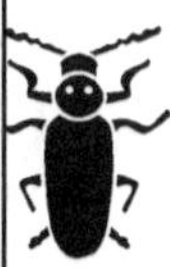
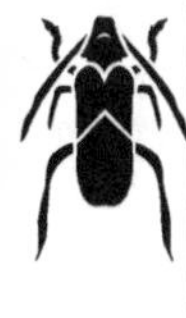
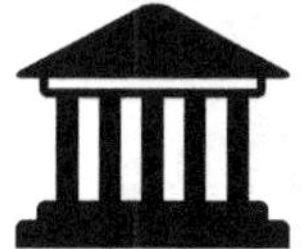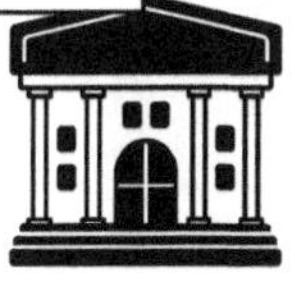

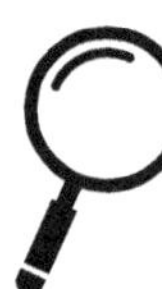
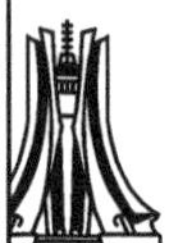
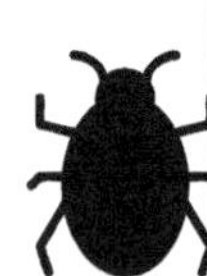
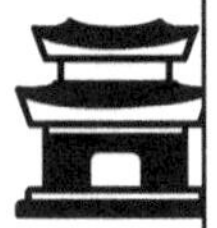

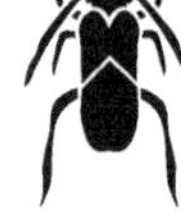
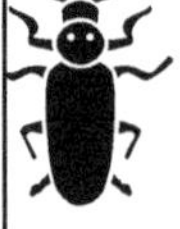

6

MÅNGFALDEN AV FRIMÄRKEN RUNT OM I VÄRLDEN ÄR VERKLIGEN IMPONERANDE. FILATELISTER, I SIN STRÄVAN EFTER FÖRSTÅELSE OCH ORGANISATION, KLASSIFICERAR OFTA FRIMÄRKEN EFTER OLIKA KRITERIER. VISSA SAMLAR FRIMÄRKEN UTIFRÅN DERAS FORM, OAVSETT OM DE ÄR KVADRATISKA, REKTANGULÄRA ELLER TRIANGULÄRA. ANDRA ATTRAHERAS AV SPECIFIKA ÄMNEN SOM FAUNA, FLORA, HISTORISKA HÄNDELSER ELLER KÄNDA PERSONER. MÅNGA FILATELISTER ÄR SPECIALISERADE PÅ FRIMÄRKEN FRÅN ETT SPECIFIKT LAND ELLER REGION, MEDAN ANDRA FOKUSERAR PÅ UTGIVNINGSPERIODER, SAMLAR ANTIKA ELLER MODERNA FRIMÄRKEN. DESSA KLASSIFICERINGAR VISAR HUR FILATELIN KAN VARA BÅDE BRED OCH SPECIFIK.

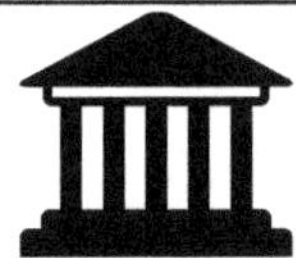
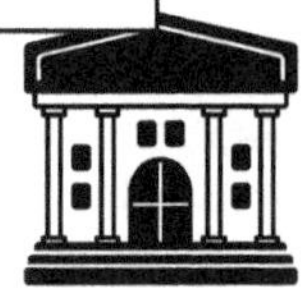

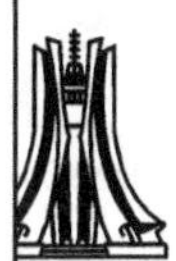

7

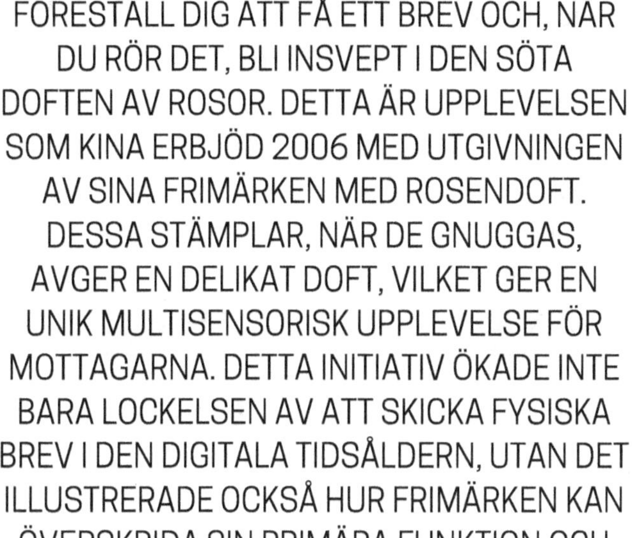

FÖRESTÄLL DIG ATT FÅ ETT BREV OCH, NÄR DU RÖR DET, BLI INSVEPT I DEN SÖTA DOFTEN AV ROSOR. DETTA ÄR UPPLEVELSEN SOM KINA ERBJÖD 2006 MED UTGIVNINGEN AV SINA FRIMÄRKEN MED ROSENDOFT. DESSA STÄMPLAR, NÄR DE GNUGGAS, AVGER EN DELIKAT DOFT, VILKET GER EN UNIK MULTISENSORISK UPPLEVELSE FÖR MOTTAGARNA. DETTA INITIATIV ÖKADE INTE BARA LOCKELSEN AV ATT SKICKA FYSISKA BREV I DEN DIGITALA TIDSÅLDERN, UTAN DET ILLUSTRERADE OCKSÅ HUR FRIMÄRKEN KAN ÖVERSKRIDA SIN PRIMÄRA FUNKTION OCH BLI SMÅ KONSTVERK OCH TEKNIK.

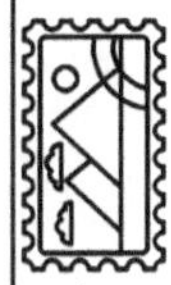

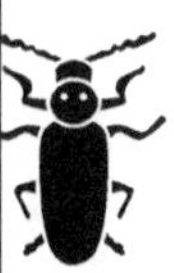
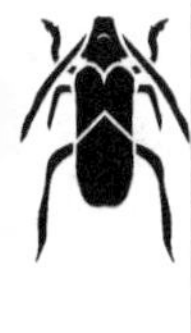

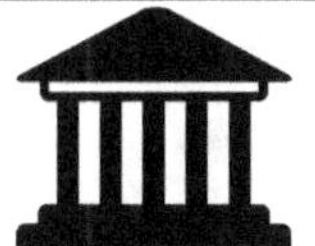
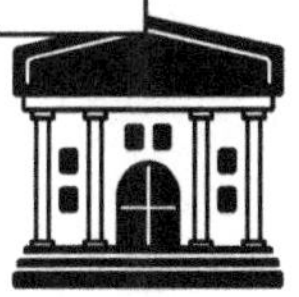

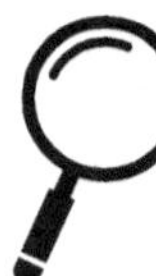
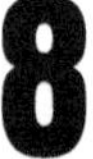
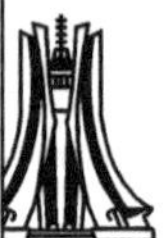

8

BHUTAN, ETT LITET KUNGARIKE INBÄDDAT I HIMALAYA, ÖVERRASKADE FILATELISTVÄRLDEN 1973 MED EN ANMÄRKNINGSVÄRD INNOVATION: FRIMÄRKEN I FORM AV MINIVINYLSKIVOR. DESSA FRIMÄRKEN VAR INTE BARA ESTETISKT TILLTALANDE, UTAN DE KUNDE OCKSÅ SPELAS PÅ EN SKIVSPELARE FÖR ATT AVSLÖJA NATIONALSÅNGER OCH BERÄTTELSER OM BHUTANS HISTORIA. DENNA UNIKA BLANDNING AV FRIMÄRKSSAMLING OCH MUSIK HAR FÅNGAT FANTASIN HOS SAMLARE RUNT OM I VÄRLDEN OCH VISAR ATT FRIMÄRKEN KAN VARA MYCKET MER ÄN BARA PAPPERSLAPPAR.

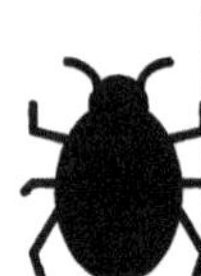
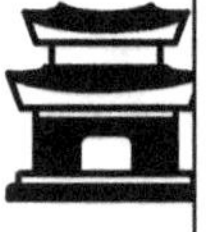
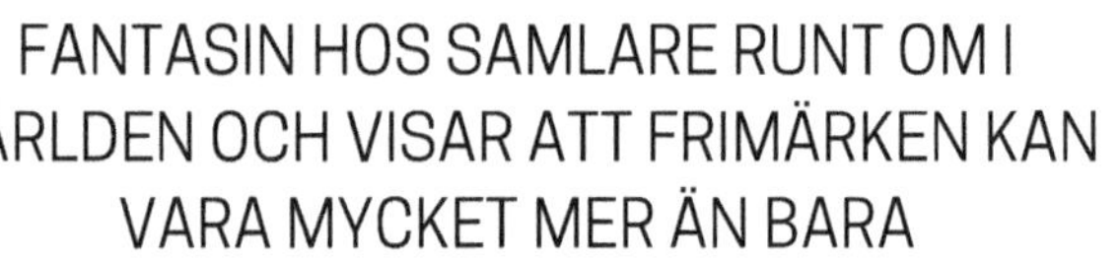
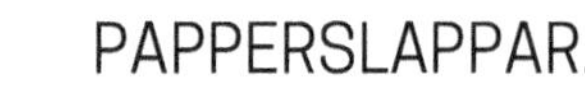
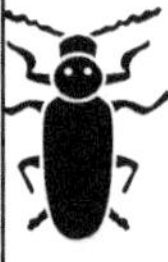
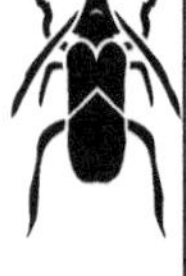

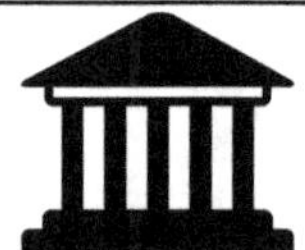
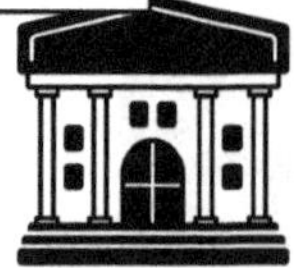

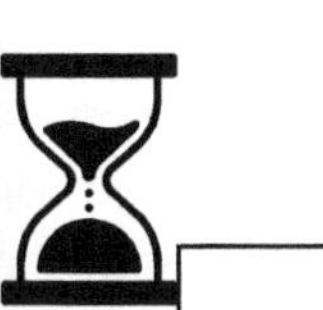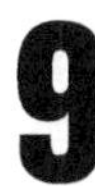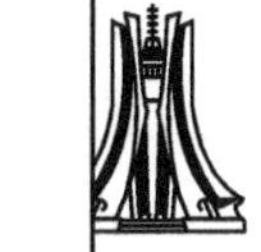

9

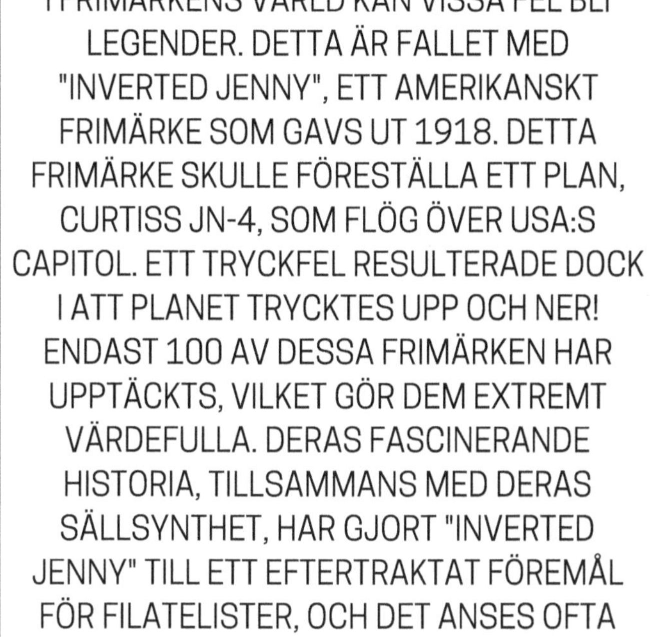

I FRIMÄRKENS VÄRLD KAN VISSA FEL BLI LEGENDER. DETTA ÄR FALLET MED "INVERTED JENNY", ETT AMERIKANSKT FRIMÄRKE SOM GAVS UT 1918. DETTA FRIMÄRKE SKULLE FÖRESTÄLLA ETT PLAN, CURTISS JN-4, SOM FLÖG ÖVER USA:S CAPITOL. ETT TRYCKFEL RESULTERADE DOCK I ATT PLANET TRYCKTES UPP OCH NER! ENDAST 100 AV DESSA FRIMÄRKEN HAR UPPTÄCKTS, VILKET GÖR DEM EXTREMT VÄRDEFULLA. DERAS FASCINERANDE HISTORIA, TILLSAMMANS MED DERAS SÄLLSYNTHET, HAR GJORT "INVERTED JENNY" TILL ETT EFTERTRAKTAT FÖREMÅL FÖR FILATELISTER, OCH DET ANSES OFTA VARA ETT AV DE MEST KÄNDA FRIMÄRKENA I VÄRLDEN.

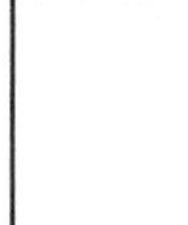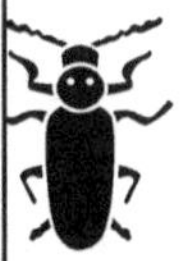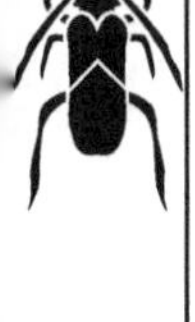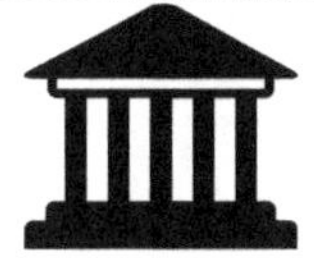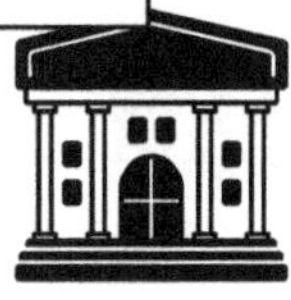

10

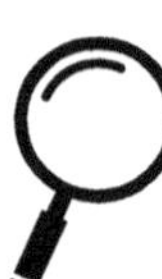
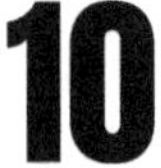
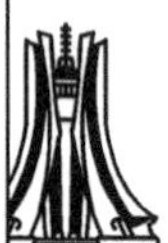
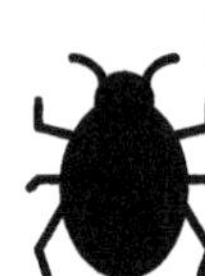

ANDRA VÄRLDSKRIGET FÖRÄNDRADE MÅNGA ASPEKTER AV DET DAGLIGA LIVET, INKLUSIVE FRIMÄRKSSAMLANDET. PÅ GRUND AV BRIST PÅ RÅVAROR, SÄRSKILT PAPPER, HAR VISSA LÄNDER VARIT TVUNGNA ATT VARA RESURSSTARKA. TYGSTÄMPLAR, ÄVEN OM DE ÄR SÄLLSYNTA, INTRODUCERADES SOM ETT ALTERNATIV. DESSA FRIMÄRKEN, VANLIGTVIS GJORDA AV SIDEN ELLER BOMULL, VAR EN PÅTAGLIG MANIFESTATION AV DE UTMANINGAR SOM VÄRLDEN STÅR INFÖR. DE FUNGERADE INTE BARA SOM ETT MEDEL FÖR BEFRIELSE, UTAN DE BLEV OCKSÅ ETT GRIPANDE BEVIS PÅ MÄNSKLIG MOTSTÅNDSKRAFT OCH ANPASSNINGSFÖRMÅGA INFÖR MOTGÅNGAR.

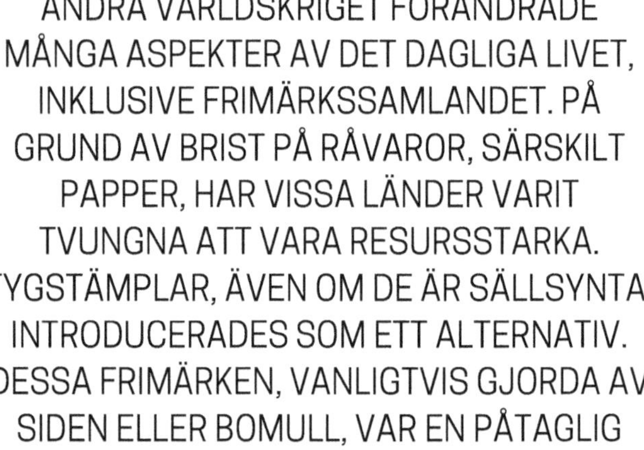
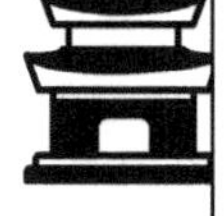
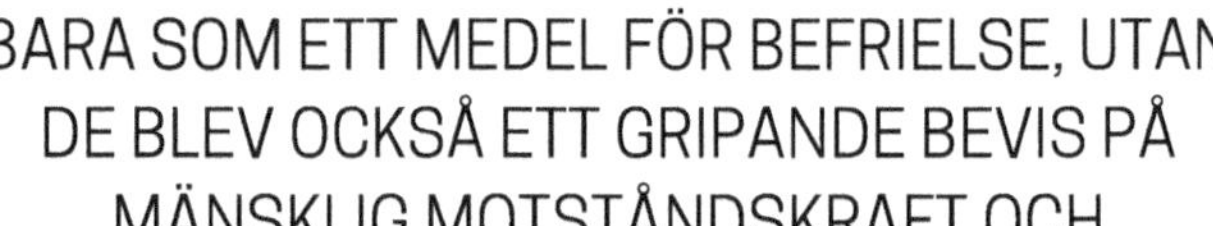
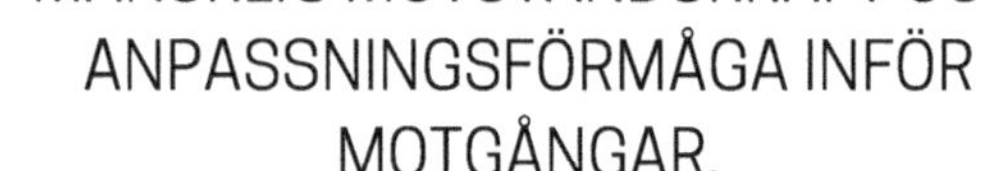
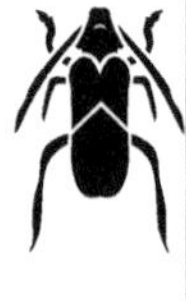
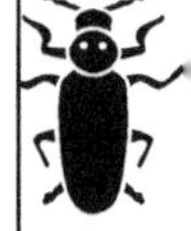
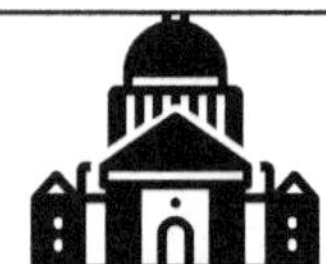
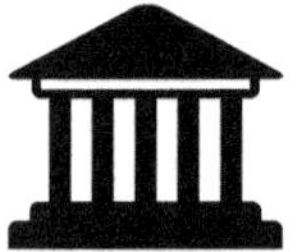
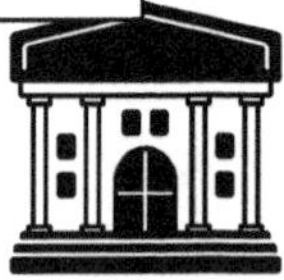

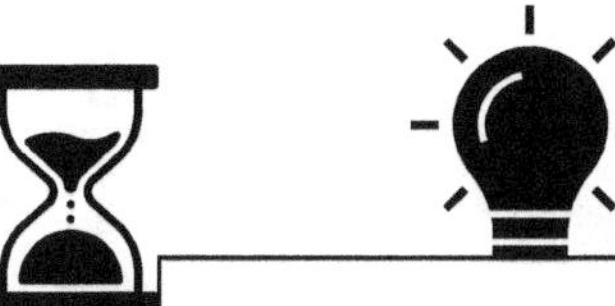

11

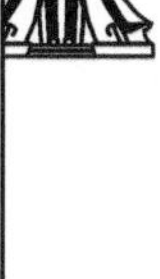
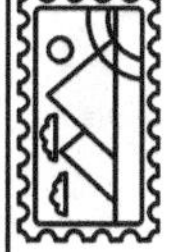

I ETT FÖRSÖK ATT STICKA UT PÅ DEN GLOBALA FILATELISTSCENEN BESLUTADE FÖRENADE ARABEMIRATEN ATT GÅ STORT 2007. DE GAV UT VÄRLDENS STÖRSTA FRIMÄRKE, SOM MÄTTE IMPONERANDE 229 X 162 MM. DETTA FRIMÄRKE, MYCKET STÖRRE ÄN TRADITIONELLA FRIMÄRKEN, VISADE EN DETALJERAD ILLUSTRATION AV SHEIKH ZAYED BIN SULTAN AL NAHYAN, GRUNDAREN AV FÖRENADE ARABEMIRATEN. FÖRUTOM ATT VARA EN TEKNISK BEDRIFT, HAR DENNA KOLOSSALA FRIMÄRKE LYCKATS LOCKA TILL SIG UPPMÄRKSAMHET FRÅN SAMLARE OCH MEDIA RUNT OM I VÄRLDEN, OCH LYFTER FRAM UAE:S ROLL SOM EN INNOVATIV NATION.

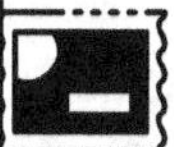
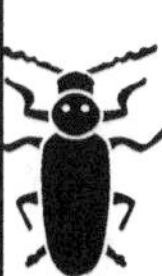
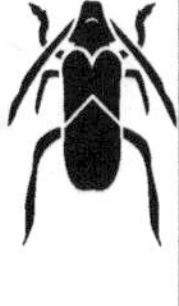

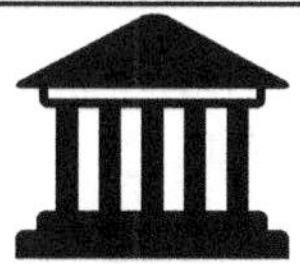
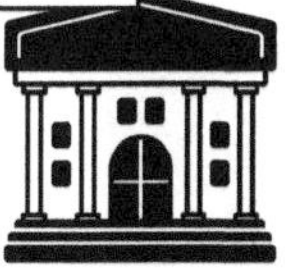

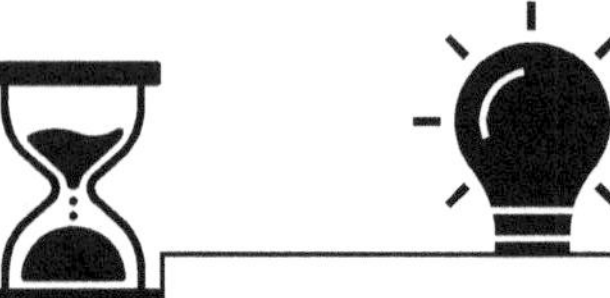

12

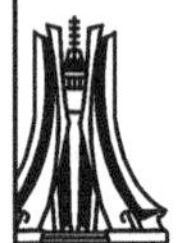

FILATELI AVSLÖJAR OFTA KREATIVA LÖSNINGAR PÅ UTMANINGAR. "DELADE" FRIMÄRKEN ÄR ETT PERFEKT EXEMPEL. I SITUATIONER DÄR SPECIFIKA VALÖRER VAR SÄLLSYNTA ELLER SLUTSÅLDA, TILLÄT VISSA POSTKONTOR ATT FRIMÄRKEN SKÄRS PÅ MITTEN (ELLER TILL OCH MED DELAS I FJÄRDEDELAR) FÖR ANVÄNDNING I EN REDUCERAD VALÖR. DESSA SKURNA FRIMÄRKEN, ÄVEN OM DE KAN VERKA KONSTIGA I BÖRJAN, ÄR ETT FASCINERANDE FÖNSTER IN I POSTHISTORIEN. DE VISAR HUR SAMHÄLLEN ANPASSADE SINA BEFINTLIGA RESURSER FÖR ATT MÖTA AKUTA BEHOV, OCH DE ÄR VÄRDEFULLA PJÄSER FÖR SAMLARE IDAG.

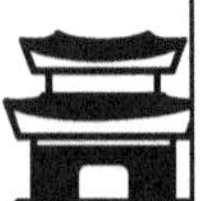
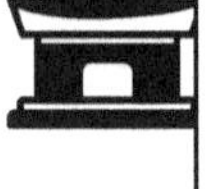
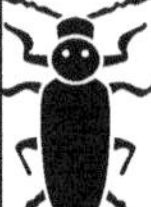
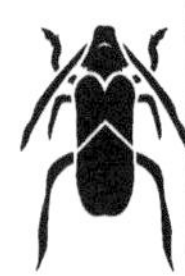
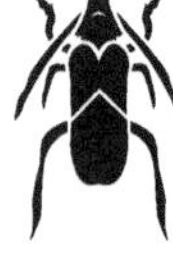

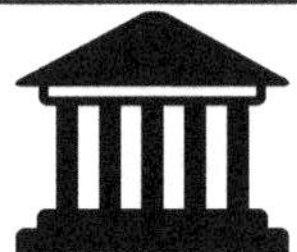
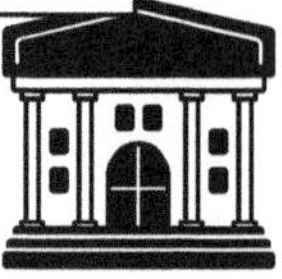

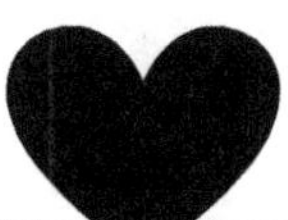

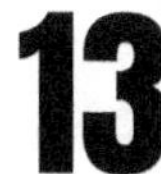

13

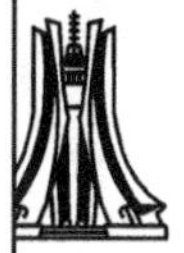

FILATELIN, MED SIN RIKEDOM OCH MÅNGFALD, HAR IBLAND GETT UPPHOV TILL SPECIFIKA FRÅGOR SOM UTESLUTANDE ÄR AVSEDDA FÖR SAMLARE. DESSA FRIMÄRKEN, SOM KALLAS "FILATELISTISKA FRIMÄRKEN", GES OFTA UT I BEGRÄNSADE KVANTITETER OCH KAN HA UNIKA MÖNSTER, SPECIELLA TRYCKTEKNIKER ELLER JUBILEUMSÄMNEN. ÄVEN OM DE INTE ÄR AVSEDDA ATT ANVÄNDAS FÖR PORTO, SPELAR DE EN AVGÖRANDE ROLL I INSAMLINGSVÄRLDEN OCH TILLHANDAHÅLLER VÄRDEFULLA OCH OFTA EFTERTRAKTADE FÖREMÅL. DE FÖRKROPPSLIGAR SKÖNHET, KONST OCH KULTUR INKAPSLADE I DET LILLA FORMATET AV ETT FRIMÄRKE.

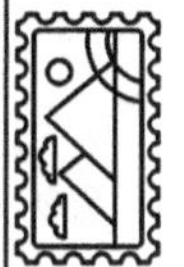
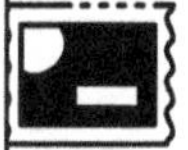
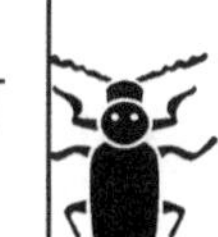
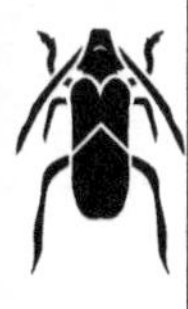
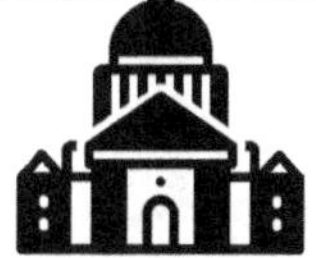
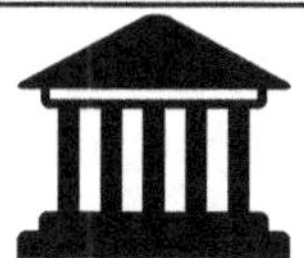
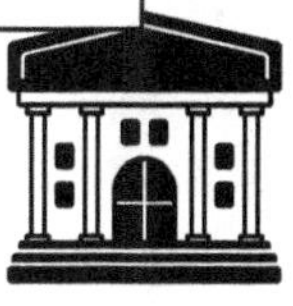

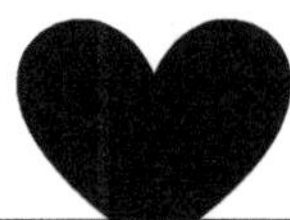

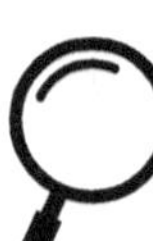
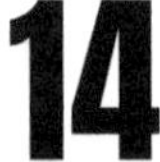
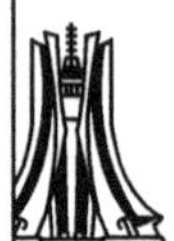

14

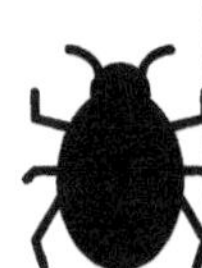
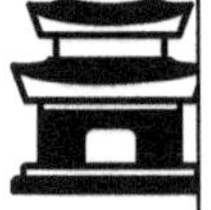
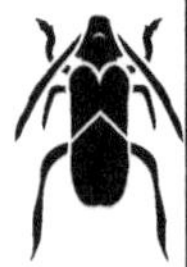
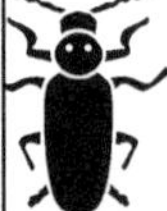

I FILATELINS TIDIGA DAGAR, NÄR DE FLESTA FRIMÄRKEN HADE TRADITIONELLA REKTANGULÄRA FORMER, BRÖT GODAHOPPSUDDEN (NU EN DEL AV SYDAFRIKA) NY MARK 1853 MED INFÖRANDET AV TRIANGULÄRA FRIMÄRKEN. DESSA UNIKA FRIMÄRKEN VÄCKTE INTE BARA UPPMÄRKSAMHET PÅ GRUND AV SIN OVANLIGA FORM, UTAN DE FUNGERADE OCKSÅ SOM EN ÅTGÄRD MOT BEDRÄGERI, VILKET GJORDE DET SVÅRARE ATT ÅTERANVÄNDA FRIMÄRKENA NÄR DE VÄL STÄMPLATS. IDAG ÄR DESSA TRIANGULÄRA FRIMÄRKEN MYCKET EFTERTRAKTADE SAMLAROBJEKT, SOM PÅMINNER OM EN ERA AV KREATIVITET OCH INNOVATION INOM FILATELIN.

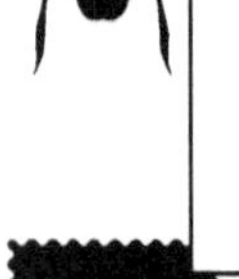
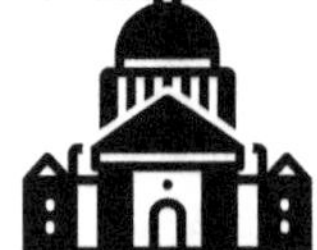
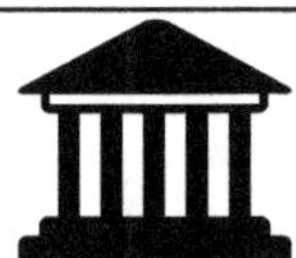
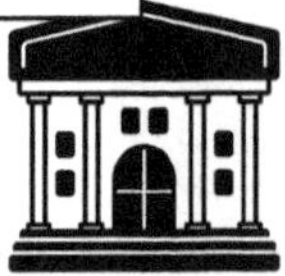

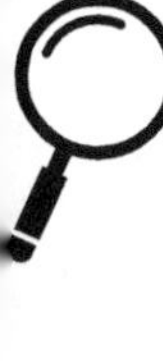

15

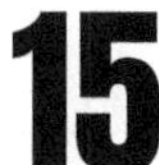
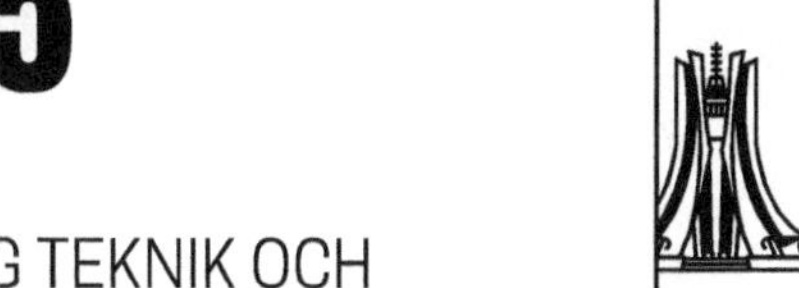

FÖRÄNDERLIG TEKNIK OCH
KONSUMENTBEHOV LEDDE TILL
INTRODUKTIONEN AV DEN FÖRSTA
SJÄLVHÄFTANDE FRIMÄRKEN 1964. TILL
SKILLNAD FRÅN TRADITIONELLA FRIMÄRKEN
SOM KRÄVDE FUKT FÖR ATT FÄSTA PÅ ETT
KUVERT, VAR DESSA INNOVATIVA
FRIMÄRKEN ENASTÅENDE ATT ANVÄNDA. DE
INTRODUCERADES FÖRST AV TONGAÖARNA,
OCH PÅ GRUND AV DERAS POPULARITET OCH
BEKVÄMLIGHET ANAMMADE MÅNGA ANDRA
LÄNDER SNABBT TEKNIKEN. IDAG ÄR
SJÄLVHÄFTANDE FRIMÄRKEN VANLIGA RUNT
OM I VÄRLDEN, VILKET ILLUSTRERAR HUR
INNOVATION KAN FÖRÄNDRA ÄVEN DE
ÄLDSTA TRADITIONERNA.

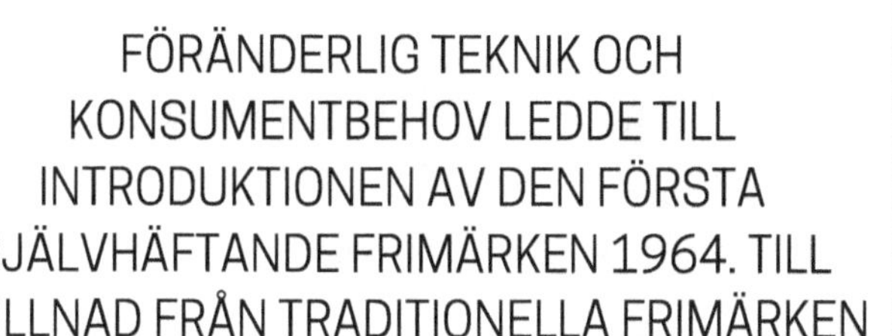
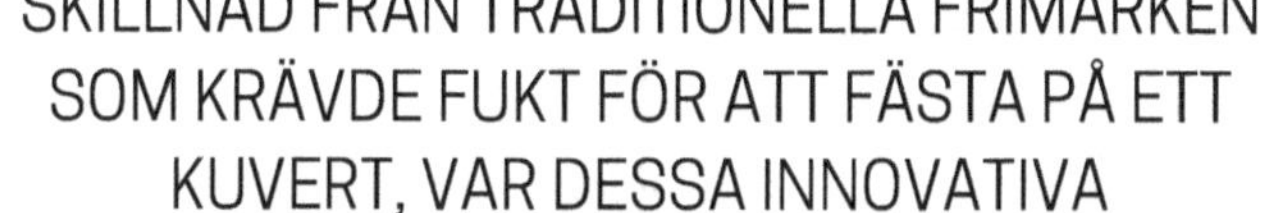
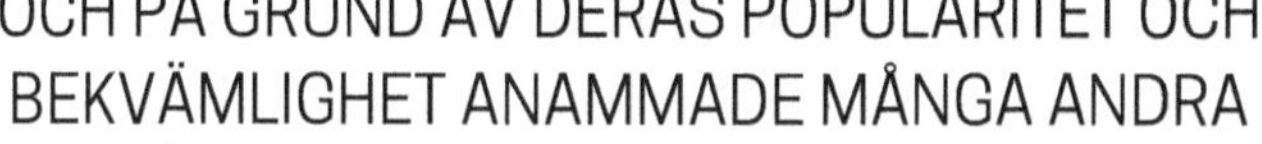
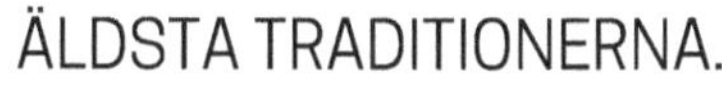
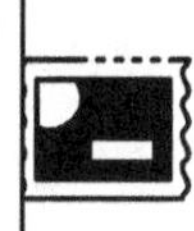
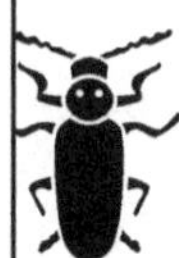
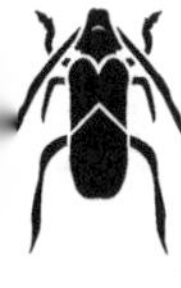
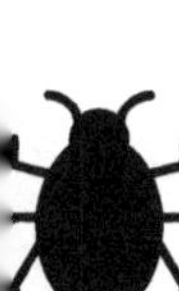
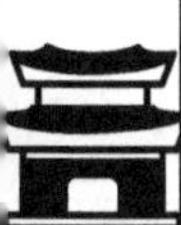
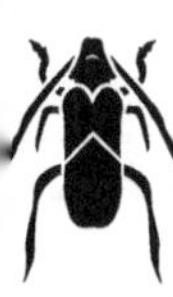

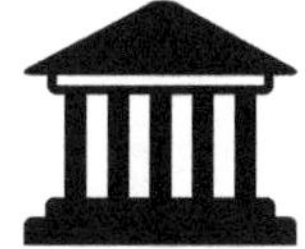
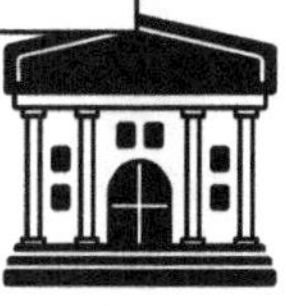

16

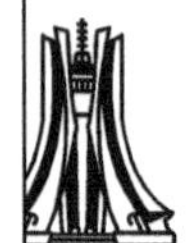

FRIMÄRKEN HAR OFTA FUNGERAT SOM
SPEGLAR SOM SPEGLAR EN NATIONS
HISTORIA, KULTUR OCH VÄRDERINGAR. RUNT
OM I VÄRLDEN ANVÄNDER LÄNDER DESSA
SMÅ PAPPERSLAPPAR FÖR ATT HEDRA
BETYDELSEFULLA ÖGONBLICK, HEROISKA
STRIDER, VETENSKAPLIGA UPPTÄCKTER
ELLER IKONISKA FIGURER SOM HAR FORMAT
SIN IDENTITET. DESSA MINNESMÄRKEN ÄR
MYCKET MER ÄN BARA PORTOMEDEL. DE
UTBILDAR, INSPIRERAR OCH PÅMINNER
KOMMANDE GENERATIONER OM HÄNDELSER
OCH MÄNNISKOR SOM HAR SATT EN
OUTPLÅNLIG PRÄGEL PÅ HISTORIENS GÅNG.

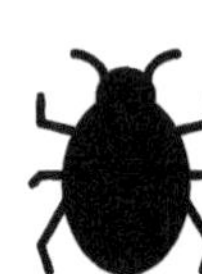
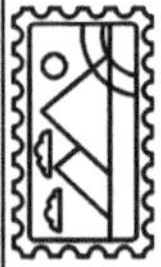
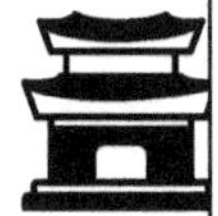

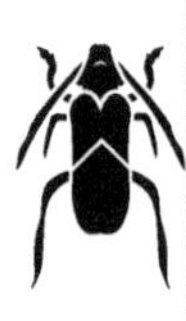
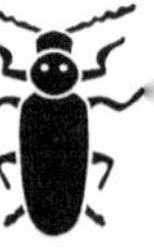

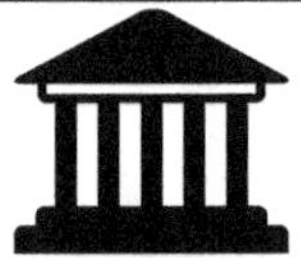
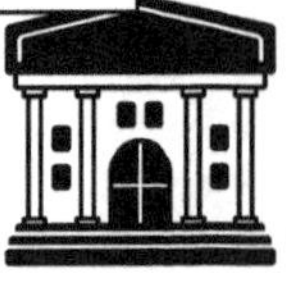

17

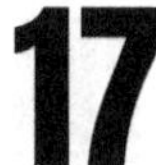
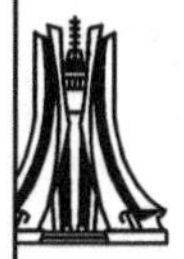

UTÖVER SIN UTILITARISTISKA FUNKTION ÄR FRIMÄRKEN OFTA VERKLIGA MÄSTERVERK I MINIATYR. VARJE FRIMÄRKE ÄR EN DUK PÅ VILKEN KONSTNÄRER FÅNGAR LANDSKAP, PORTRÄTT, HISTORISKA FAKTA ELLER KULTURELLA REPRESENTATIONER MED OTROLIG PRECISION OCH FINESS. DESSA SMÅ KONSTNÄRLIGA SKAPELSER, OFTA GJORDA MED NOGGRANN UPPMÄRKSAMHET PÅ DETALJER, ÅTERSPEGLAR DEN KULTURELLA OCH HISTORISKA RIKEDOMEN I ETT LAND. FÖR MÅNGA SAMLARE ÄR FRIMÄRKENS SKÖNHET OCH KONSTNÄRSKAP LIKA VIKTIGT SOM DERAS SÄLLSYNTHET ELLER VÄRDE.

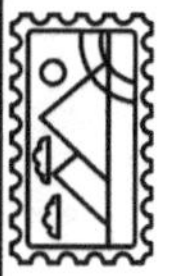
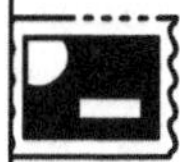
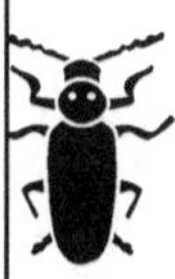
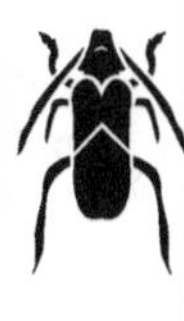

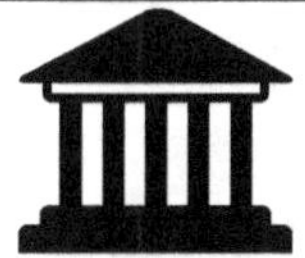
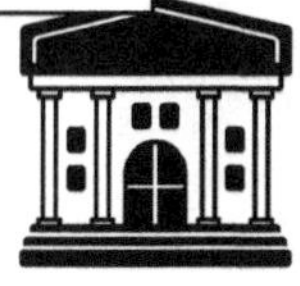

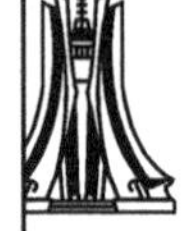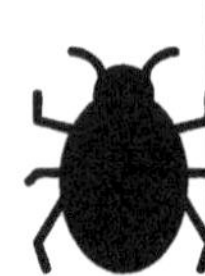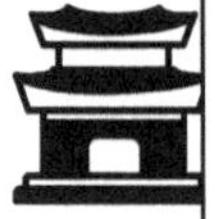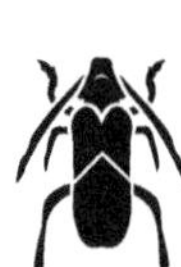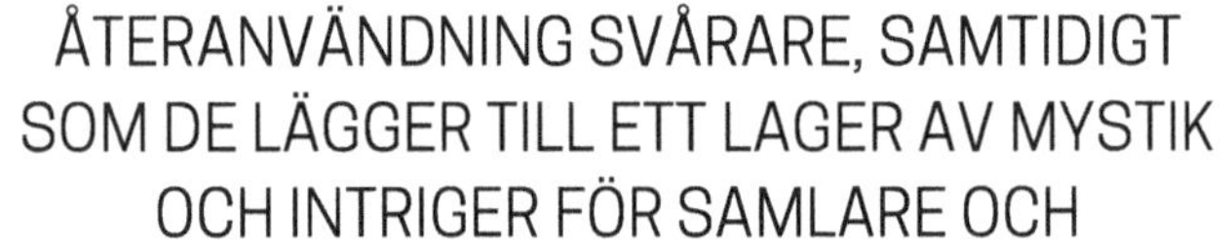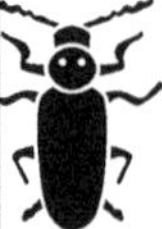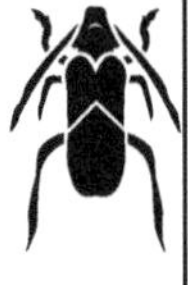

18

I ETT PÅGÅENDE FÖRSÖK ATT FÖRBÄTTRA FRIMÄRKENS SÄKERHET OCH ÄKTHET HAR VISSA POSTFÖRVALTNINGAR ANTAGIT INNOVATIV TEKNIK. EN AV DESSA INNOVATIONER ÄR ANVÄNDNINGEN AV SPECIELLA BLÄCK SOM ÄR KÄNSLIGA FÖR ULTRAVIOLETT (UV) LJUS. FÖR BLOTTA ÖGAT KAN DESSA STÄMPLAR VERKA VANLIGA, MEN NÄR DE UTSÄTTS FÖR UV-LJUS DYKER DOLDA MÖNSTER ELLER INSKRIPTIONER UPP. DESSA SÄKERHETSFUNKTIONER GÖR FÖRFALSKNINGAR OCH BEDRÄGLIG ÅTERANVÄNDNING SVÅRARE, SAMTIDIGT SOM DE LÄGGER TILL ETT LAGER AV MYSTIK OCH INTRIGER FÖR SAMLARE OCH FRIMÄRKSSAMLARE.

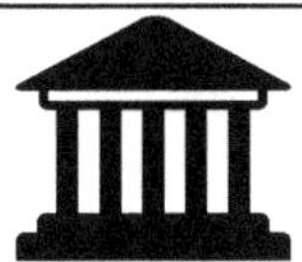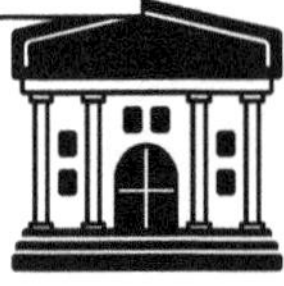

19

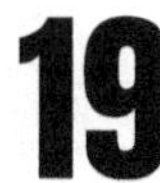
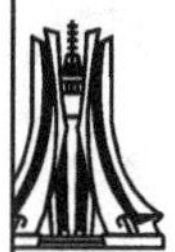

2010 SATTE FRANKRIKE EN
GOURMETKÄNSLA TILL SINA FRIMÄRKEN
GENOM ATT GE UT EN SERIE MED
CHOKLADSMAK. DESSA FRIMÄRKEN,
INFUNDERADE MED DEN OEMOTSTÅNDLIGA
AROMEN AV CHOKLAD, ERBJÖD EN UNIK
SENSORISK UPPLEVELSE FÖR DEM SOM
HADE TUREN ATT ANVÄNDA ELLER TA EMOT
DEM. DETTA INITIATIV HYLLADE INTE BARA
FRANKRIKES RIKA CHOKLADTRADITION, UTAN
VISADE OCKSÅ HUR FILATELIN KAN
UTVECKLAS OCH ANPASSA SIG FÖR ATT
FÄNGSLA NYA GENERATIONER AV SAMLARE
OCH POSTÄLSKARE.

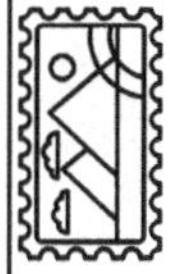
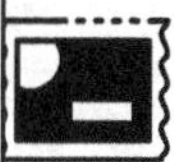
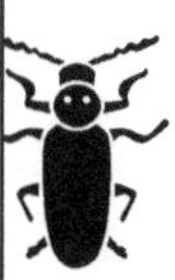
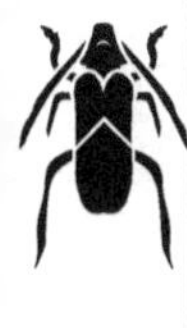

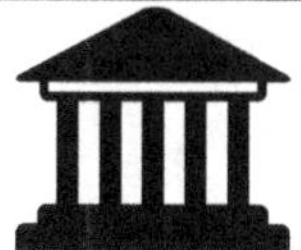
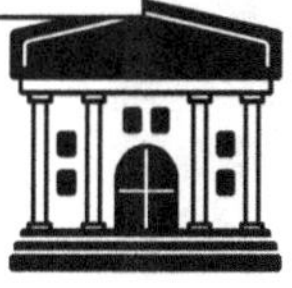

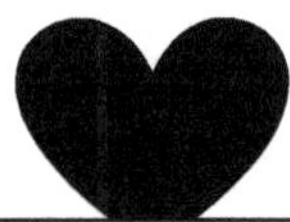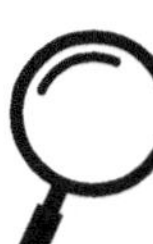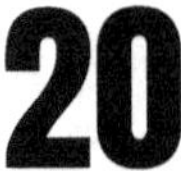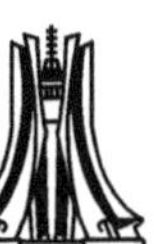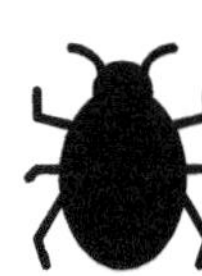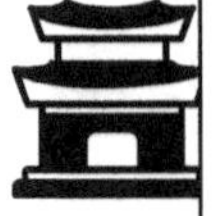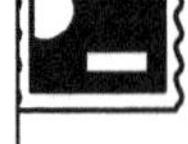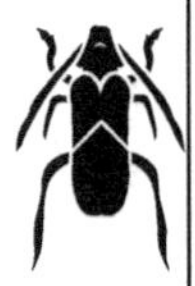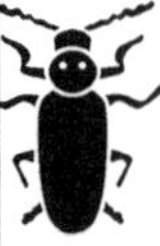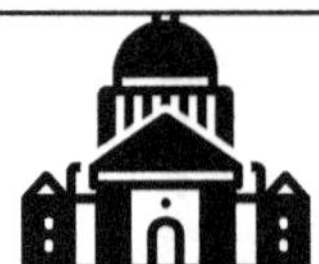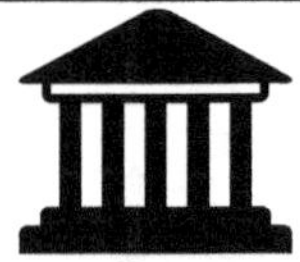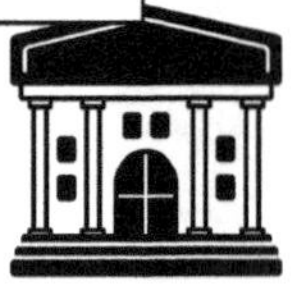

20

STANSNING AV FRIMÄRKEN, EN VANLIG PRAXIS UNDER 1800- OCH BÖRJAN AV 1900-TALET, VAR AVSEDD ATT LÄGGA TILL ETT LAGER AV SÄKERHET TILL FRIMÄRKEN SOM KÖPTS I STORA MÄNGDER AV FÖRETAG. MASKINERNA PERFORERADE INITIALERNA ELLER FÖRETAGSNAMNET DIREKT PÅ STÄMPELN, VILKET GJORDE DET MYCKET SVÅRARE ATT SÄLJA VIDARE ELLER ANVÄNDA BEDRÄGLIGT. ÄVEN OM DESSA PERFORERADE FRIMÄRKEN VAR MINDRE ÖNSKVÄRDA FÖR ALLMÄNHETEN PÅ GRUND AV ATT DE ÄNDRATS, ÄR DE IDAG MYCKET UPPSKATTADE AV SAMLARE PÅ GRUND AV SIN SÄRPRÄGLADE KARAKTÄR OCH HISTORIEN DE BERÄTTAR OM AFFÄRSMETODERNA UNDER EN SVUNNEN TID.

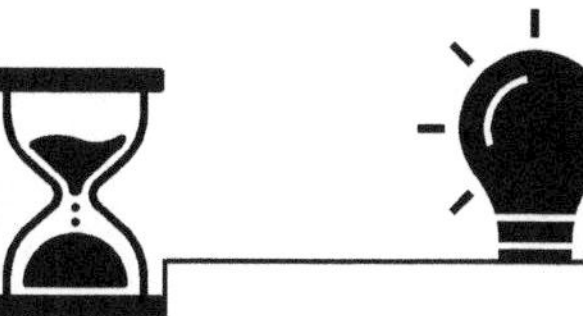

21

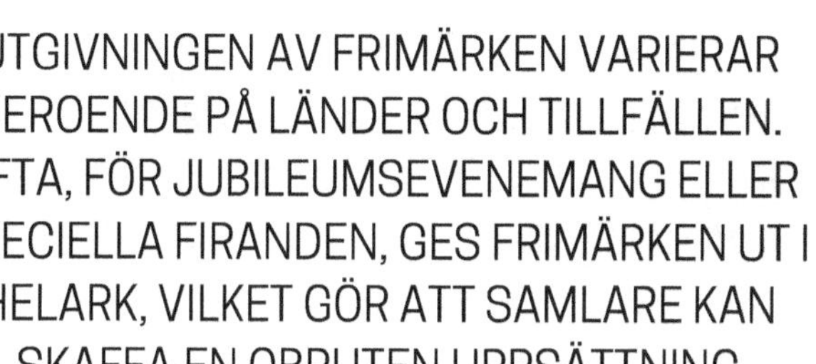
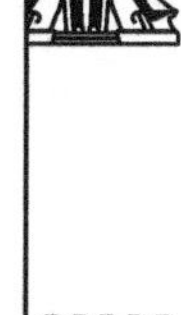
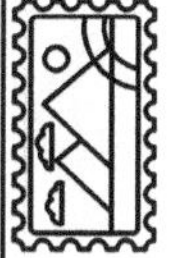

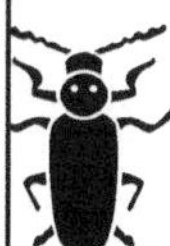
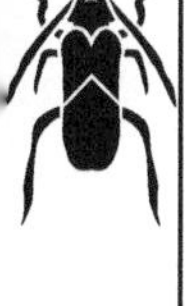

UTGIVNINGEN AV FRIMÄRKEN VARIERAR BEROENDE PÅ LÄNDER OCH TILLFÄLLEN. OFTA, FÖR JUBILEUMSEVENEMANG ELLER SPECIELLA FIRANDEN, GES FRIMÄRKEN UT I HELARK, VILKET GÖR ATT SAMLARE KAN SKAFFA EN OBRUTEN UPPSÄTTNING MÖNSTER ELLER ILLUSTRATIONER. DESSA BLAD KAN IBLAND BILDA EN STÖRRE BILD ELLER LANDSKAP NÄR DE SES SOM EN HELHET. DÄREMOT SÄLJS VISSA FRIMÄRKEN, SÄRSKILT SÅDANA SOM ÄR AVSEDDA FÖR DAGLIGT BRUK, STYCKVIS ELLER I HÄFTEN. DENNA VARIATION I SÄTTET SOM FRIMÄRKEN GES UT BIDRAR TILL FILATELINS RIKEDOM OCH MÅNGFALD, VILKET GER FLERA ALTERNATIV FÖR SAMLARE OCH ANVÄNDARE.

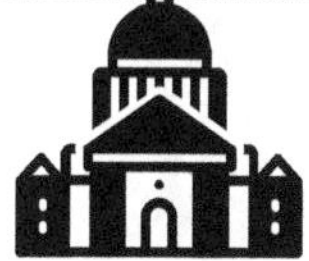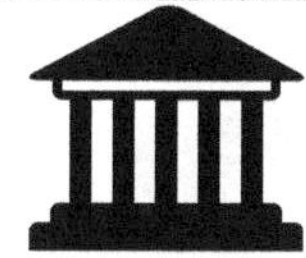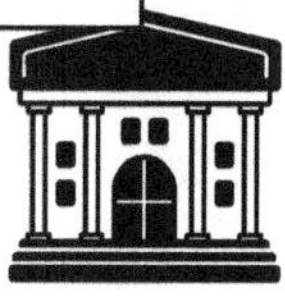

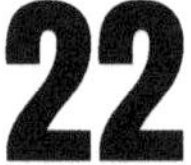
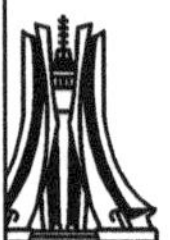

22

MEDAN DE FLESTA FRIMÄRKEN
TRADITIONELLT TRYCKS PÅ PAPPER, HAR
INNOVATION OCH KREATIVITET LETT TILL
ANVÄNDNINGEN AV EN MÄNGD OLIKA
MATERIAL. VISSA LÄNDER HAR UTFORSKAT
ATT TRYCKA STÄMPLAR PÅ PLAST FÖR
HÅLLBARHET, MEDAN ANDRA HAR VALT
METALL FÖR JUBILEUMSUTGÅVOR.
OVANLIGT HAR VISSA FRIMÄRKEN TILL OCH
MED TRYCKTS PÅ TRÄ, VILKET FÅNGAR
NATURENS VÄSEN OCH GER EN UNIK
STRUKTUR. DESSA MATERIALVARIATIONER
VISAR MÅNGFALDEN AV FILATELIN OCH HUR
DEN ANPASSAR SIG OCH UTVECKLAS FÖR
ATT ÅTERSPEGLA SMAKER, TEKNOLOGIER
OCH KULTURELLA PREFERENSER.

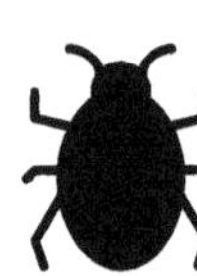
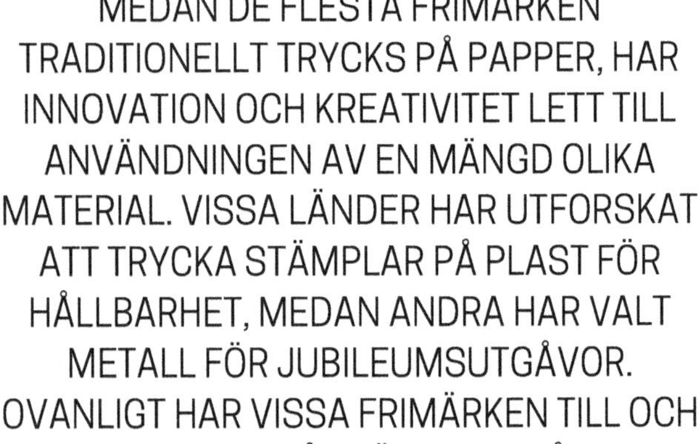
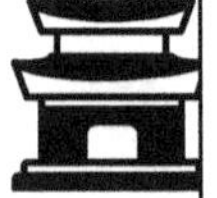
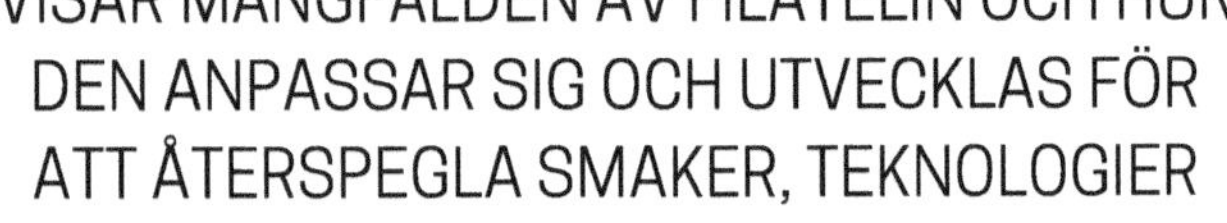
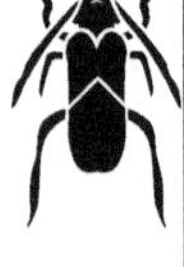
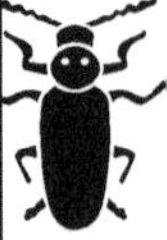
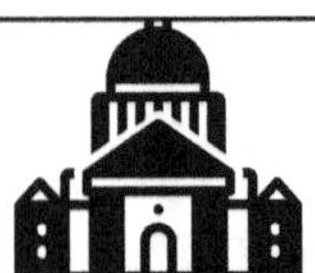
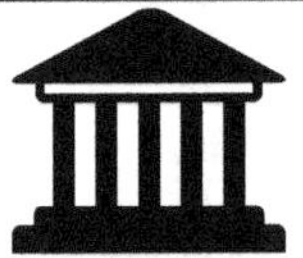
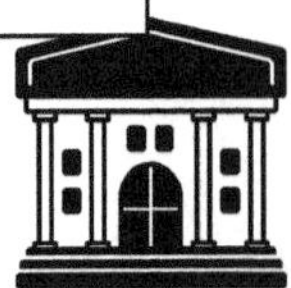
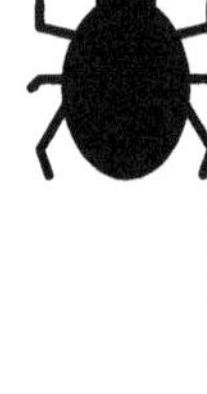
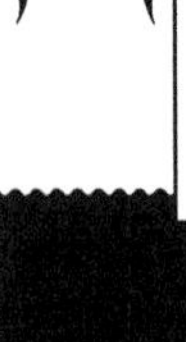

23

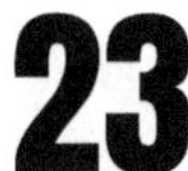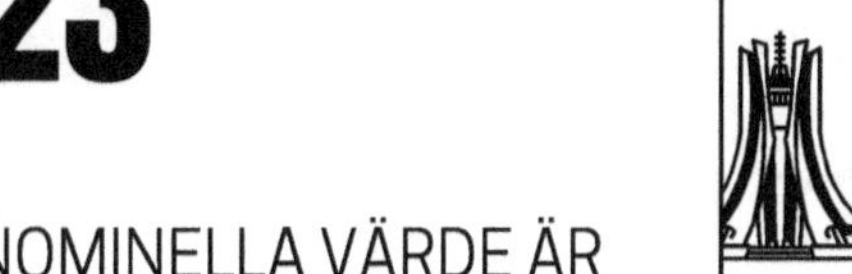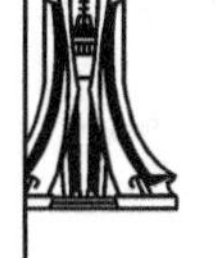

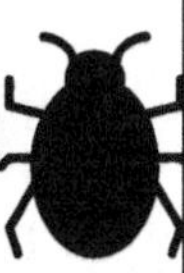

UTÖVER DERAS NOMINELLA VÄRDE ÄR
FRIMÄRKEN VERKLIGA FÖNSTER SOM
ÖPPNAR SIG MOT ETT LANDS HISTORIA,
KULTUR OCH IDENTITET. VARJE BILD, VARJE
SYMBOL OCH VARJE FÄRG SOM VÄLJS FÖR
ETT FRIMÄRKE ÄR EN ÅTERSPEGLING AV ETT
ÖGONBLICK, EN PRESTATION ELLER ETT
VÄRDE SOM ÄR KÄRT FÖR EN NATION.
OAVSETT OM MAN FIRAR EN STRID, FIRAR EN
NATIONELL HJÄLTE ELLER DELAR EN
KULTURELL TRADITION, FUNGERAR
FRIMÄRKEN SOM TYSTA BUDBÄRARE OCH
BERÄTTAR RIKA OCH MÅNGSIDIGA HISTORIER
FÖR DEM SOM TAR SIG TID ATT TITTA PÅ OCH
FÖRSTÅ DEM.

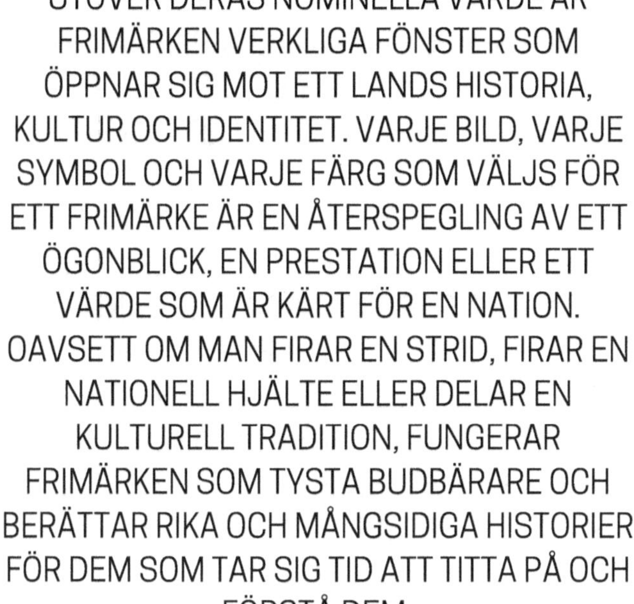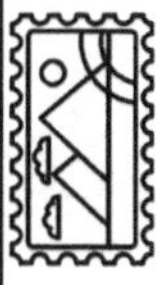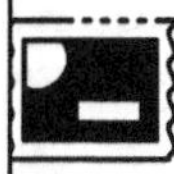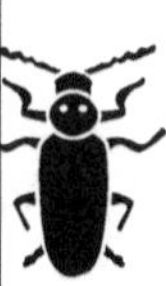

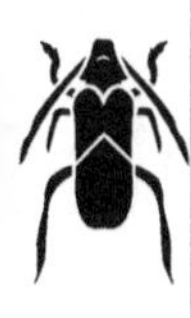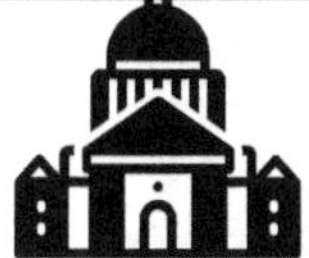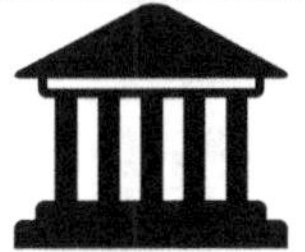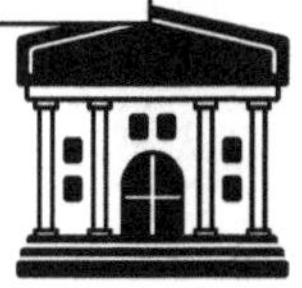

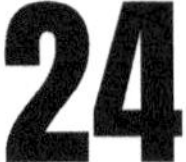
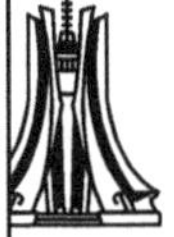

24

ALLA FRIMÄRKEN ÄR INTE AVSEDDA FÖR PORTO PÅ POST. SKATTEMÄRKEN ÄR TILL EXEMPEL SPECIELLT UTFORMADE FÖR INDRIVNING AV SKATTER ELLER AVGIFTER PÅ VISSA DOKUMENT. ÄVEN OM DE LIKNAR FRIMÄRKEN ÄR DERAS ANVÄNDNING VÄLDIGT OLIKA. DE KAN PLACERAS PÅ HANDLINGAR, LICENSER ELLER ANDRA OFFICIELLA DOKUMENT FÖR ATT INDIKERA ATT LÄMPLIGA SKATTER ELLER AVGIFTER HAR BETALATS. I MÅNGA LÄNDER HAR DESSA FRIMÄRKEN BLIVIT SAMLAROBJEKT PÅ GRUND AV SIN SÄRPRÄGLADE DESIGN OCH HISTORISKA BETYDELSE, VILKET GER EN ANNAN FASCINERANDE ASPEKT AV FILATELIN.

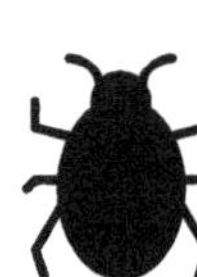
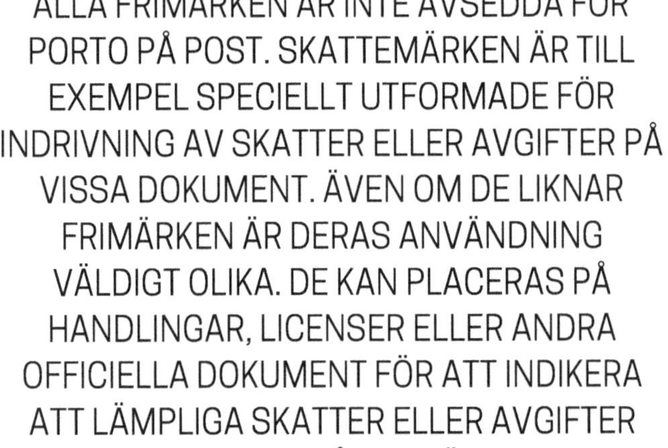
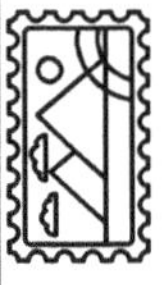
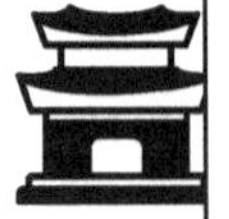
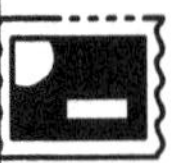
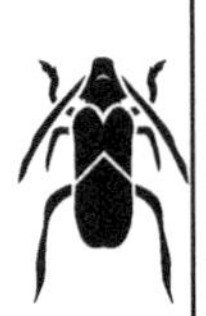
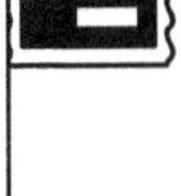
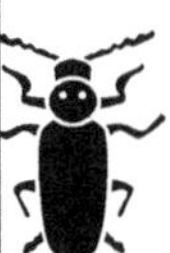
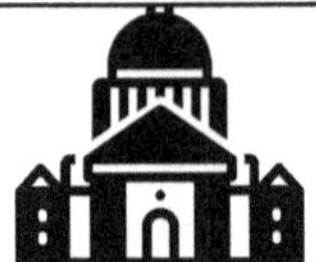
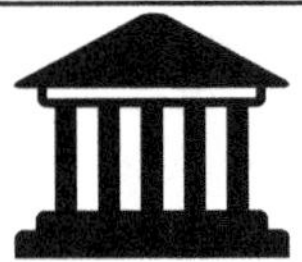
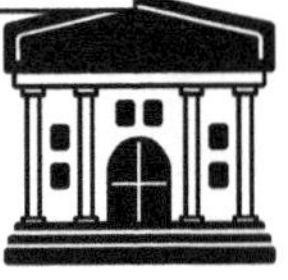

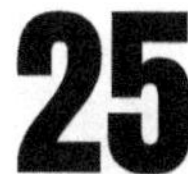

25

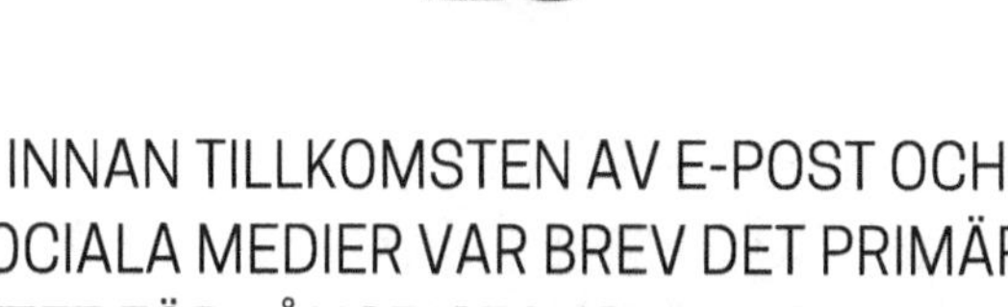

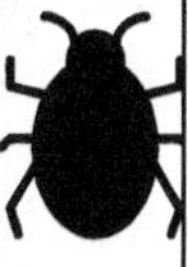
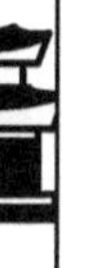

INNAN TILLKOMSTEN AV E-POST OCH SOCIALA MEDIER VAR BREV DET PRIMÄRA SÄTTET FÖR LÅNGDISTANSKOMMUNIKATION. FRIMÄRKEN, SOM BEVIS PÅ BETALNING FÖR POSTTJÄNSTEN, SPELADE EN AVGÖRANDE ROLL I DENNA KOMMUNIKATIONSKEDJA. DE UNDERLÄTTADE HANDEL MELLAN KONTINENTER, SAMMANKOPPLADE ÄLSKARE ÅTSKILDA AV KRIG, TILLÄT FÖRETAG ATT ETABLERA INTERNATIONELLA RELATIONER OCH MYCKET MER. PÅ SÄTT OCH VIS VAR DESSA SMÅ PAPPERSLAPPAR GLOBALISERINGENS FÖREGÅNGARE OCH SKAPADE BROAR MELLAN KULTURER, NATIONER OCH INDIVIDER LÅNGT FÖRE DEN DIGITALA TIDSÅLDERN.

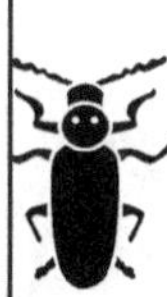
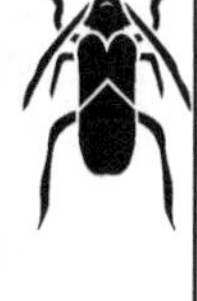

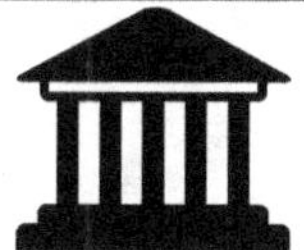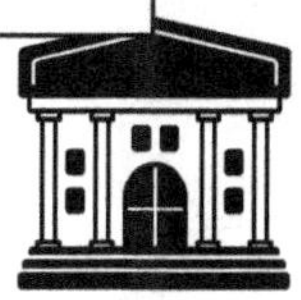

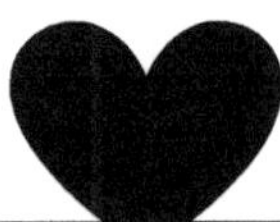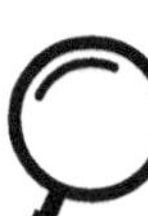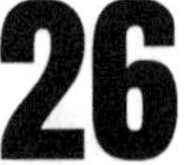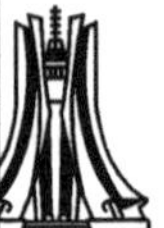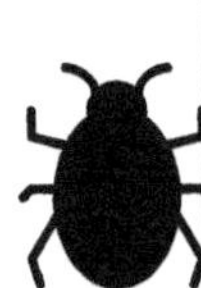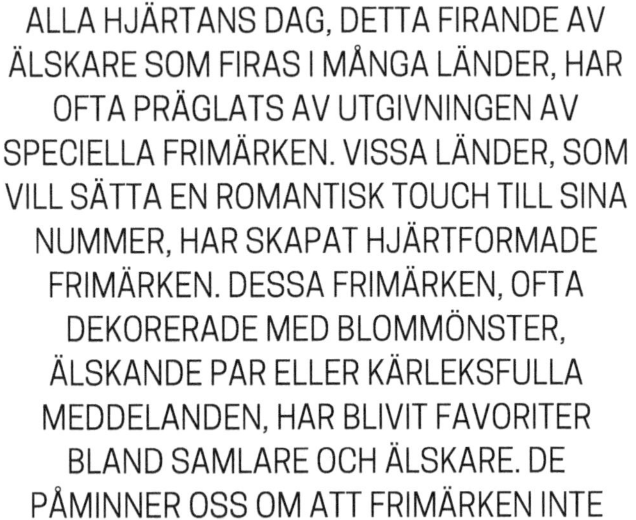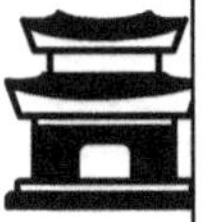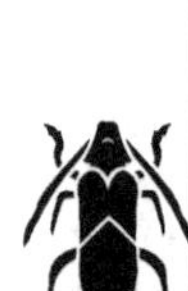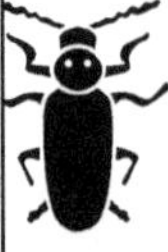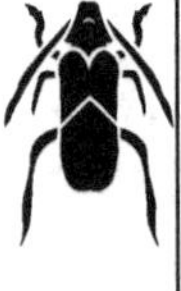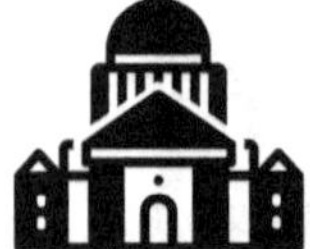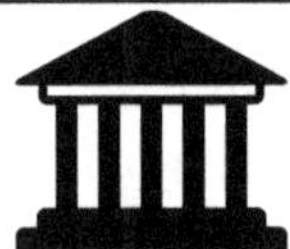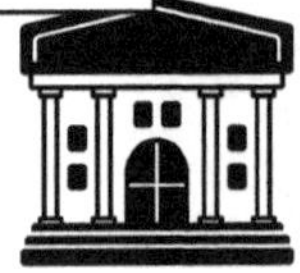

26

ALLA HJÄRTANS DAG, DETTA FIRANDE AV ÄLSKARE SOM FIRAS I MÅNGA LÄNDER, HAR OFTA PRÄGLATS AV UTGIVNINGEN AV SPECIELLA FRIMÄRKEN. VISSA LÄNDER, SOM VILL SÄTTA EN ROMANTISK TOUCH TILL SINA NUMMER, HAR SKAPAT HJÄRTFORMADE FRIMÄRKEN. DESSA FRIMÄRKEN, OFTA DEKORERADE MED BLOMMÖNSTER, ÄLSKANDE PAR ELLER KÄRLEKSFULLA MEDDELANDEN, HAR BLIVIT FAVORITER BLAND SAMLARE OCH ÄLSKARE. DE PÅMINNER OSS OM ATT FRIMÄRKEN INTE BARA ÄR PORTOMEDEL, UTAN OCKSÅ VEKTORER FÖR KÄNSLOR OCH KÄNSLOR.

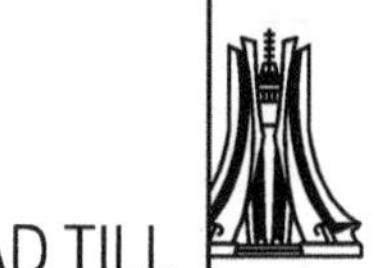

27

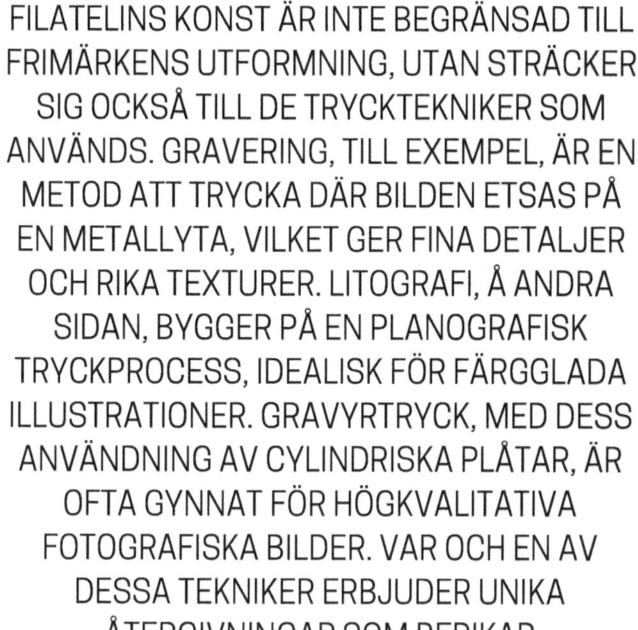

FILATELINS KONST ÄR INTE BEGRÄNSAD TILL FRIMÄRKENS UTFORMNING, UTAN STRÄCKER SIG OCKSÅ TILL DE TRYCKTEKNIKER SOM ANVÄNDS. GRAVERING, TILL EXEMPEL, ÄR EN METOD ATT TRYCKA DÄR BILDEN ETSAS PÅ EN METALLYTA, VILKET GER FINA DETALJER OCH RIKA TEXTURER. LITOGRAFI, Å ANDRA SIDAN, BYGGER PÅ EN PLANOGRAFISK TRYCKPROCESS, IDEALISK FÖR FÄRGGLADA ILLUSTRATIONER. GRAVYRTRYCK, MED DESS ANVÄNDNING AV CYLINDRISKA PLÅTAR, ÄR OFTA GYNNAT FÖR HÖGKVALITATIVA FOTOGRAFISKA BILDER. VAR OCH EN AV DESSA TEKNIKER ERBJUDER UNIKA ÅTERGIVNINGAR SOM BERIKAR MÅNGFALDEN OCH SKÖNHETEN HOS FRIMÄRKEN RUNT OM I VÄRLDEN.

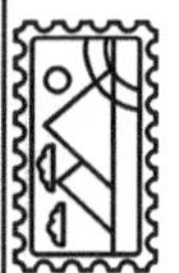
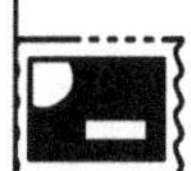
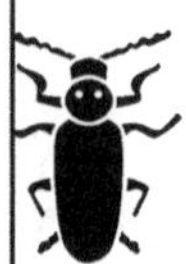
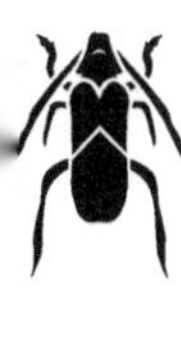

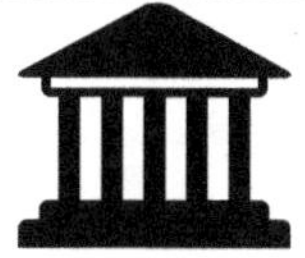
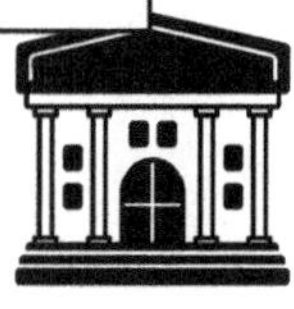

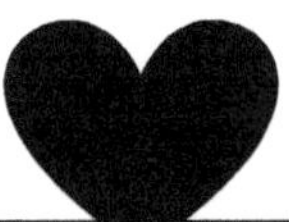

28

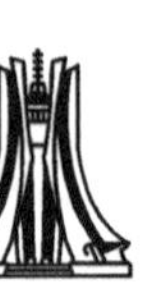
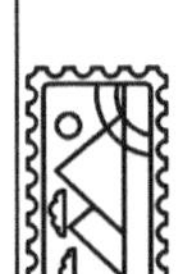
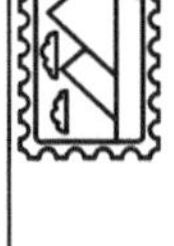
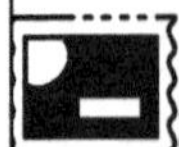
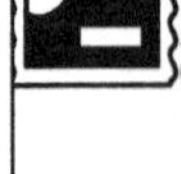
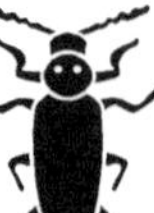
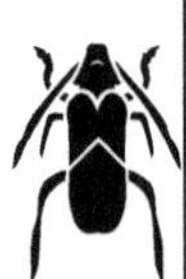
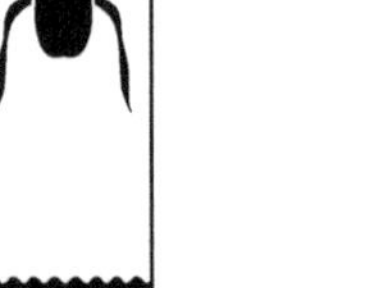

PRECIS SOM SEDLAR HAR MÅNGA FRIMÄRKEN SÄKERHETSDETALJER FÖR ATT FÖRHINDRA FÖRFALSKNING ELLER BEDRÄGLIG ÅTERANVÄNDNING. VATTENSTÄMPLAR, TILL EXEMPEL, ÄR SUBTILA MÖNSTER ELLER MÖNSTER SOM INGÅR I PAPPERET UNDER TILLVERKNINGEN. DE ÄR VANLIGTVIS BARA SYNLIGA NÄR DE UNDERSÖKS I LJUSET. DESSA MÖNSTER KAN VARA NATIONELLA SYMBOLER, INITIALER ELLER ANDRA SÄRSKILJANDE MÖNSTER. DERAS NÄRVARO GER INTE BARA ETT LAGER AV SÄKERHET TILL FRIMÄRKET, UTAN OCKSÅ EN EXTRA DIMENSION TILL INSAMLINGEN, EFTERSOM SAMLARE OFTA LETAR EFTER VARIATIONER ELLER ANOMALIER I VATTENSTÄMPLAR.

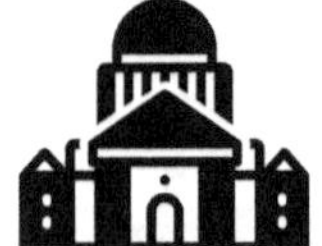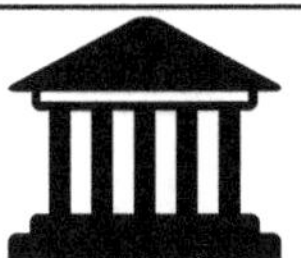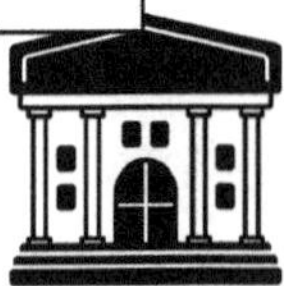

29

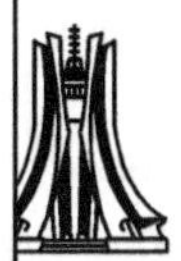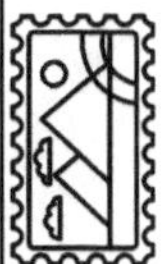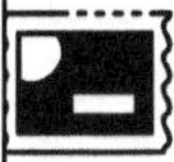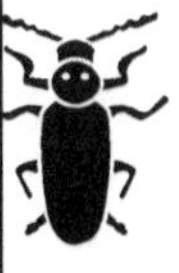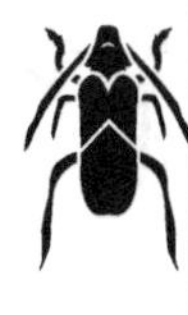

I FILATELINS OMVÄXLANDE VÄRLD KAN STORLEK IBLAND VARA ÖVERRASKANDE. ÅR 1867 SATTE BOLIVIA REKORD GENOM ATT GE UT VÄRLDENS MINSTA FRIMÄRKE. DENNA LILLA FRIMÄRKE, SOM BARA MÄTER 9,5 X 8 MM, TROTSADE TIDENS KONVENTIONER OCH BLEV ETT FÖREMÅL FÖR NYFIKENHET BLAND FILATELISTER. ÄVEN OM DEN ÄR LITEN I STORLEKEN HAR DESS INVERKAN PÅ SAMLARVÄRLDEN VARIT ENORM. IDAG ANSES DEN VARA EN SÄLLSYNT OCH VÄRDEFULL PJÄS, SOM VITTNAR OM FRÄCKHETEN OCH KREATIVITETEN I BOLIVIAS FILATELISTISKA FRÅGOR.

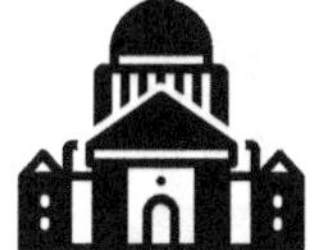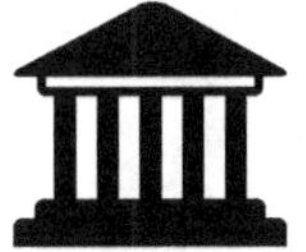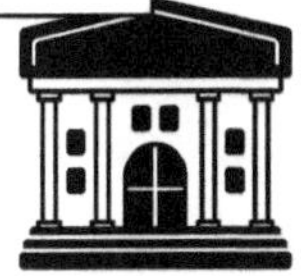

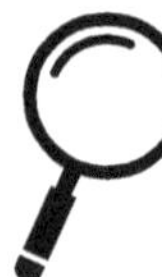

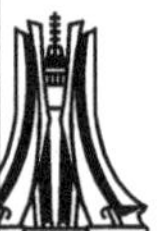

30

GENOM HISTORIEN HAR FRIMÄRKEN OFTA ANVÄNTS SOM VERKTYG FÖR ATT FÖRMEDLA POLITISKA BUDSKAP, IDEOLOGIER ELLER VÄRLDSBILDER. OAVSETT OM MAN FIRAR EN LEDARE, FRÄMJAR ETT NATIONALISTISKT IDEAL ELLER LYFTER FRAM NATIONELLA LANDVINNINGAR, HAR FRIMÄRKEN FUNGERAT SOM EN PLATTFORM FÖR ATT PÅVERKA DEN ALLMÄNNA OPINIONEN. I VISSA REGIMER HAR DE ANVÄNTS FÖR ATT FRÄMJA EN VISS BILD AV LANDET ELLER FÖR ATT STÄRKA EN REGERINGS LEGITIMITET. DESSA FRIMÄRKEN, SAMTIDIGT SOM DE ÅTERSPEGLAR DERAS TIDS ESTETIK OCH IDEAL, ERBJUDER OCKSÅ FASCINERANDE INSIKTER I KOMMUNIKATIONSSTRATEGIER OCH MASSPSYKOLOGI.

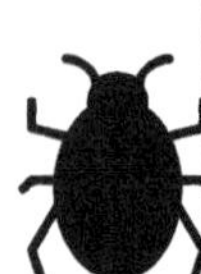

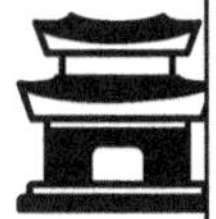
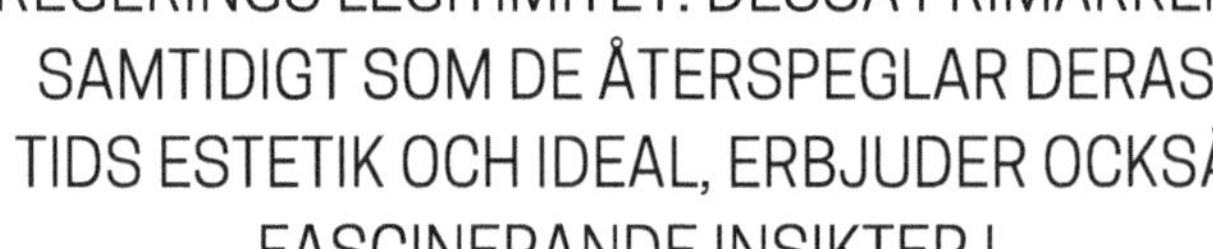
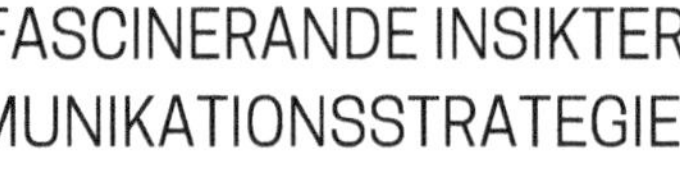
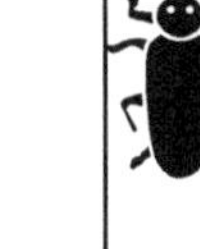
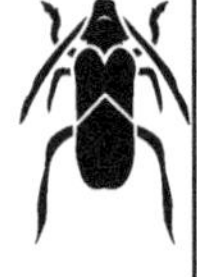

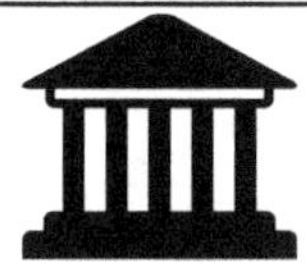
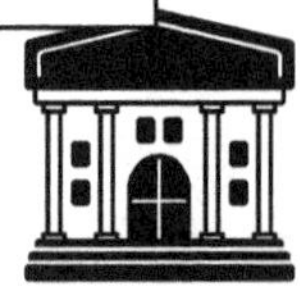

31

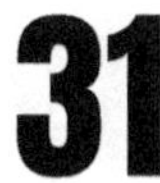 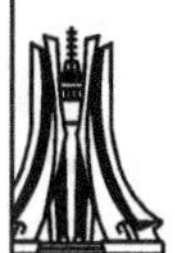

TEKNOLOGISK INNOVATION HAR OCKSÅ HITTAT SIN PLATS I FILATELINS VÄRLD. TERMOKROMISKA STÄMPLAR, SOM ÄNDRAR FÄRG BEROENDE PÅ TEMPERATUR, HAR INFÖRTS I VISSA LÄNDER. DESSA STÄMPLAR, TRYCKTA MED SPECIALBLÄCK, KAN ÄNDRAS FRÅN EN FÄRG TILL EN ANNAN NÄR DE UTSÄTTS FÖR VÄRME, TILL EXEMPEL GENOM ATT GNUGGA STÄMPELN MED ETT FINGER. DENNA UNIKA FUNKTION GER INTE BARA EN INTERAKTIV DIMENSION TILL FRIMÄRKSUPPLEVELSEN, UTAN DEN FUNGERAR IBLAND OCKSÅ SOM EN SÄKERHETSÅTGÄRD FÖR ATT FÖRHINDRA FÖRFALSKNING.

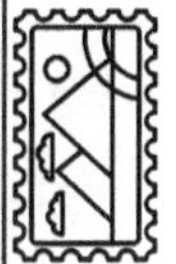 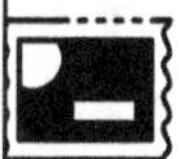 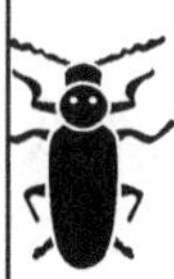 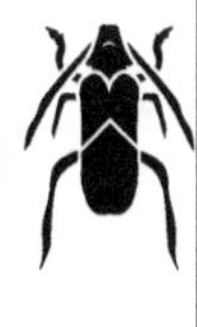 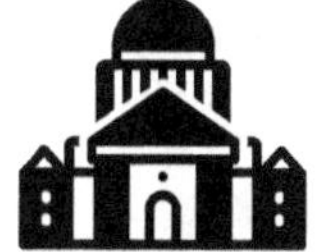 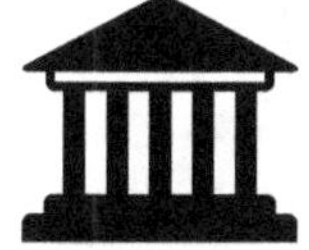 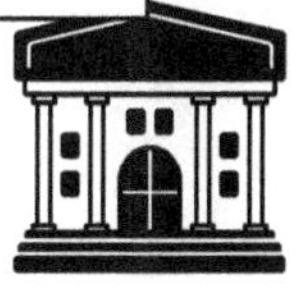

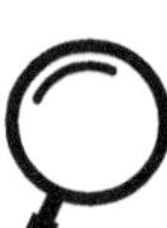
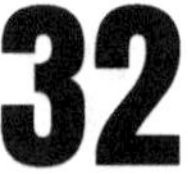
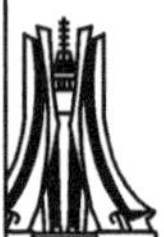
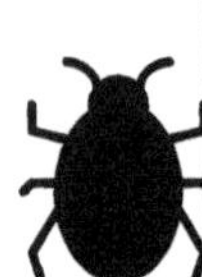
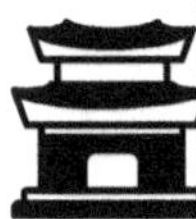

32

UTÖVER DERAS NOMINELLA VÄRDE HAR FRIMÄRKEN OFTA ANVÄNTS SOM BUDBÄRARE FÖR STÖRRE ÄNDAMÅL. MÅNGA LÄNDER GER UT FRIMÄRKEN FÖR ATT ÖKA MEDVETENHETEN OM SOCIALA FRÅGOR, SÅSOM HÄLSA, UTBILDNING ELLER MÄNSKLIGA RÄTTIGHETER. LIKASÅ BELYSES MILJÖFRÅGOR, SÅSOM BEVARANDE AV FAUNA OCH FLORA, KLIMATFÖRÄNDRINGAR ELLER SKYDD AV HAVEN, OFTA GENOM FRIMÄRKEN. DESSA SÄNDNINGAR TJÄNAR TILL ATT UTBILDA, INSPIRERA OCH MOBILISERA PUBLIK KRING KRITISKA ORSAKER, OCH DEMONSTRERA FRIMÄRKENS KRAFT ATT PÅVERKA OCH INFORMERA.

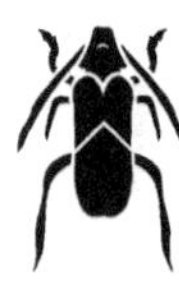
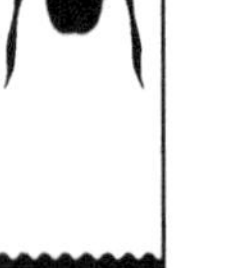

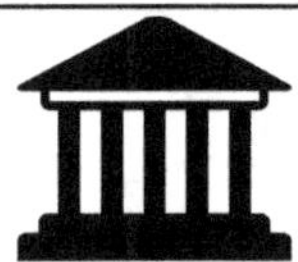
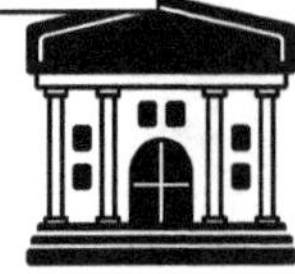

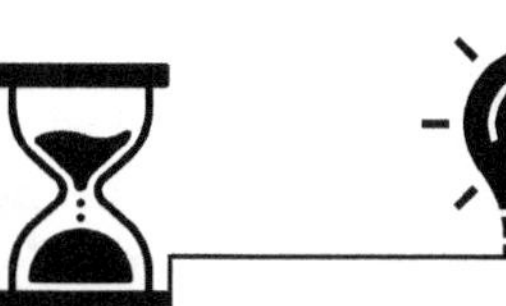

33

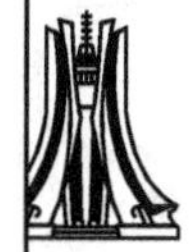

FRIMÄRKEN ÄR OFTA RESULTATET AV SAMARBETE MELLAN DUKTIGA KONSTNÄRER OCH SKICKLIGA TRYCKARE. DESSA MINIATYRER KAPSLAR IN MAJESTÄTISKA LANDSKAP, LEVANDE PORTRÄTT OCH HISTORISKA ÖGONBLICK MED HÄPNADSVÄCKANDE PRECISION OCH SKÖNHET. VARJE PENSELDRAG, VARJE FÄRGNYANS OCH VARJE FINGRAVERAD DETALJ FÖRVANDLAR ETT ENKELT PAPPER TILL ETT KONSTVERK I SIG. FÖR MÅNGA SAMLARE ÄR DET DENNA KONSTNÄRLIGA SKÖNHET, I KOMBINATION MED DEN HISTORIA OCH KULTUR DEN REPRESENTERAR, SOM GÖR FRIMÄRKSSAMLANDET TILL EN LIVSLÅNG PASSION.

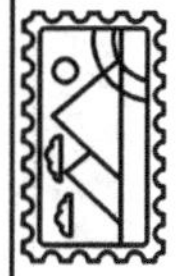
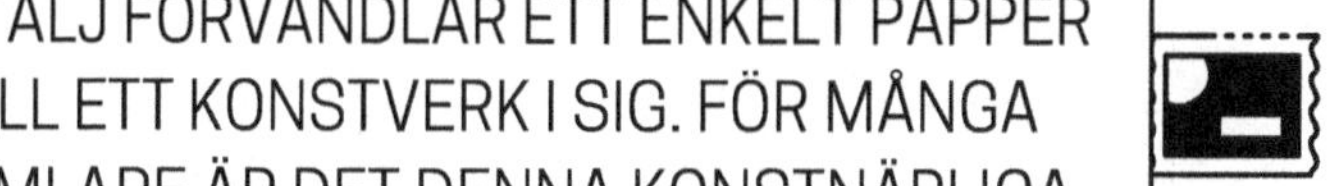
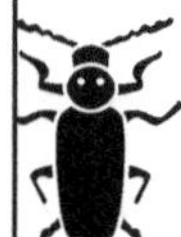
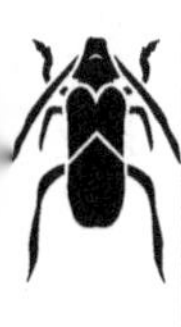
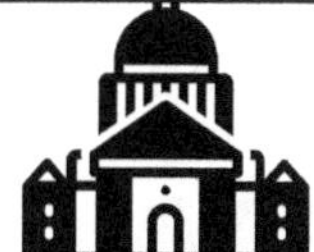

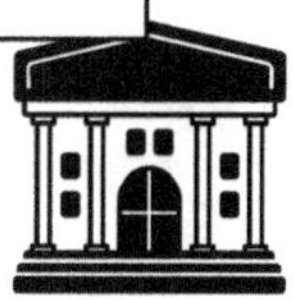

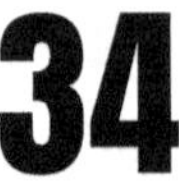
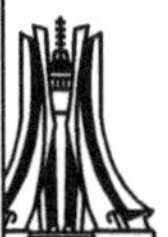

34

NÄR DE FÖRSTA FRIMÄRKENA DÖK UPP I MITTEN AV 1800-TALET HADE DE MÅNGA SKILLNADER FRÅN DE VI KÄNNER IDAG. EN AV DE FRÄMSTA SKILLNADERNA VAR BRISTEN PÅ SJÄLVHÄFTANDE TUGGUMMI PÅ BAKSIDAN. ANVÄNDARE VAR TVUNGNA ATT TA TILL LIM ELLER ANDRA LIM FÖR ATT FÄSTA FRIMÄRKET PÅ SIN POST. DET VAR FÖRST MED TIDEN OCH UTVECKLINGEN AV TRYCKTEKNIK SOM TUGGUMMI BLEV EN STANDARDFUNKTION FÖR FRIMÄRKEN, VILKET AVSEVÄRT FÖRENKLADE PORTOPROCESSEN FÖR MILJONTALS MÄNNISKOR RUNT OM I VÄRLDEN.

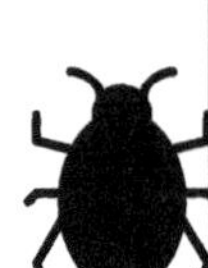
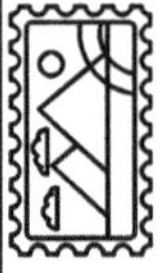
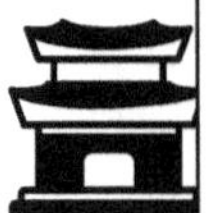
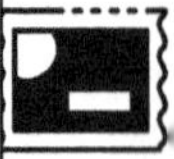
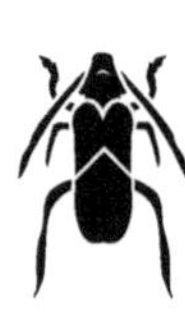
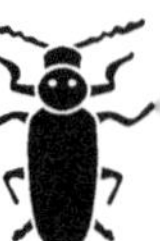

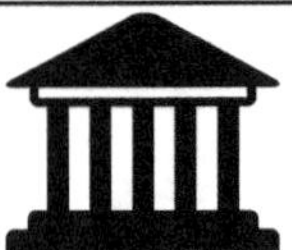
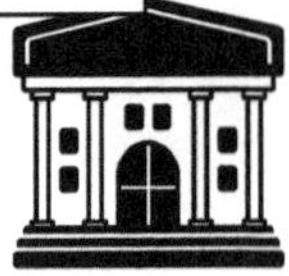

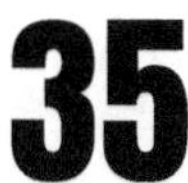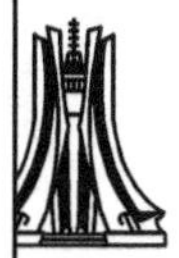

35

FILATELIN ÄR RIK PÅ TRYCKTEKNIKER, OCH EN AV DE MEST IMPONERANDE ÄR RELIEFEN. DENNA METOD, KÄND SOM DJUPTRYCK, INNEBÄR ATT BILDEN AV STÄMPELN GRAVERAS I EN METALLPLATTA. VID UTSKRIFT AVSÄTTS BLÄCK I ETSNINGENS URTAG, SEDAN PRESSAS PAPPERET MOT PLÅTEN, VILKET GER EN UPPHÖJD BILD MED OTROLIGT FINA DETALJER OCH TAKTIL STRUKTUR. FRIMÄRKEN TRYCKTA I DJUPTRYCK ANSES OFTA VARA BLAND DE VACKRASTE, EFTERSOM DENNA TEKNIK TILLÅTER EXAKT OCH DETALJERAD ÅTERGIVNING AV ILLUSTRATIONERNA.

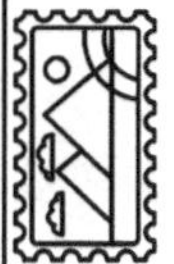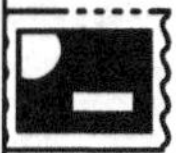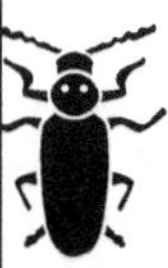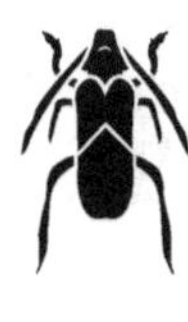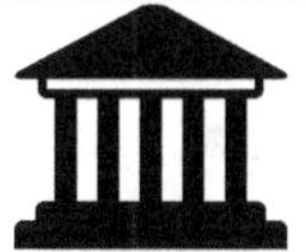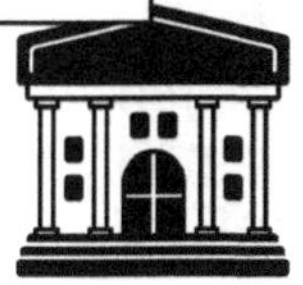

36

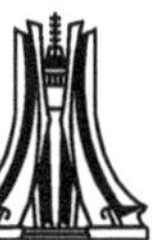

SPORT, MED DESS KRAFT ATT FÖRA NATIONER SAMMAN OCH FIRA MÄNSKLIG FÖRTRÄFFLIGHET, HAR OFTA FÖREVIGATS I FRIMÄRKEN. SÄRSKILT DE OLYMPISKA SPELEN HAR VARIT EN STOR INSPIRATIONSKÄLLA FÖR POSTFÖRVALTNINGAR RUNT OM I VÄRLDEN. DESSA FRIMÄRKEN FÅNGAR DEN ANDA AV KONKURRENS, VÄNSKAP OCH ATT ÖVERTRÄFFA SIG SJÄLV SOM KÄNNETECKNAR SPELEN. OAVSETT OM DET ÄR IDROTTARE I AKTION, OLYMPISKA LÅGOR ELLER GLITTRANDE MEDALJER, FUNGERAR DESSA FILATELISTISKA FRÅGOR INTE BARA SOM VÄRDEFULLA SOUVENIRER FRÅN ETT GLOBALT EVENEMANG, UTAN OCKSÅ SOM ETT BEVIS PÅ IDROTTENS BETYDELSE I KULTUREN OCH LIVETS VÄRLDSHISTORIA.

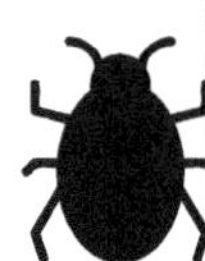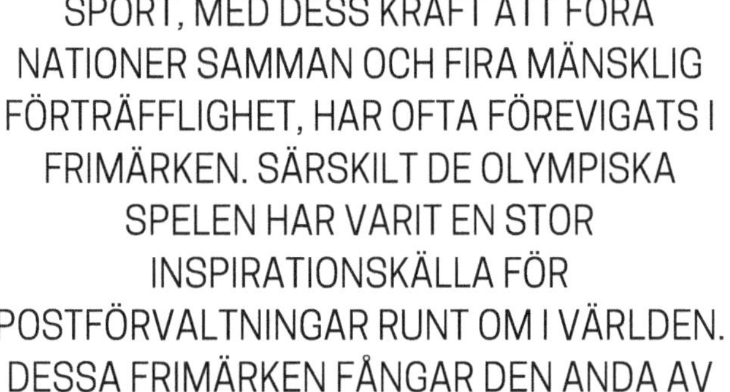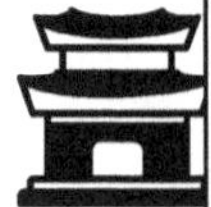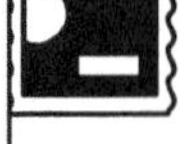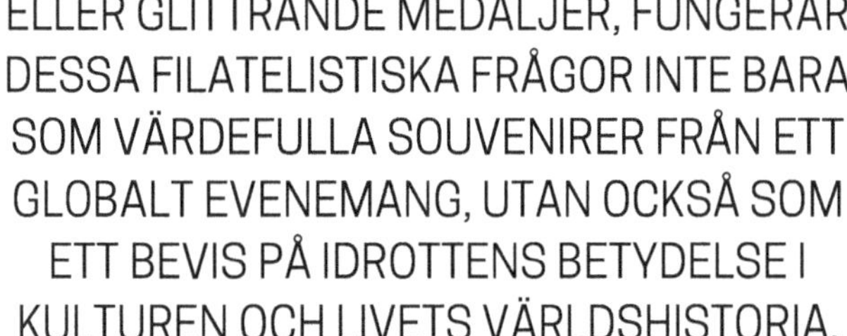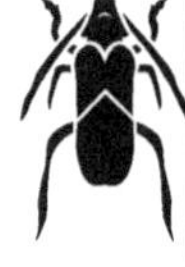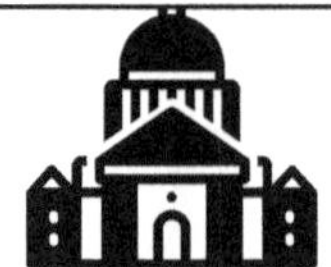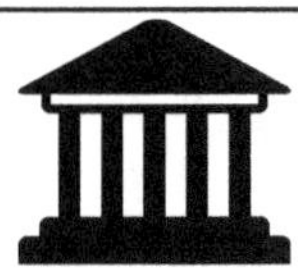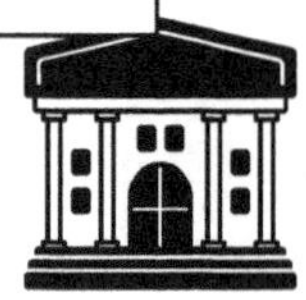

37

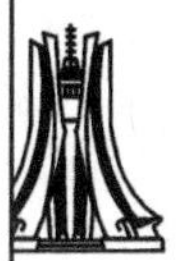

THE PHILATELIC SOCIETY OF LONDON, IDAG KÄNT SOM THE ROYAL PHILATELIC SOCIETY LONDON, ÄR EN SANN PELARE I DET GLOBALA FILATELISTISKA SAMFUNDET. DET GRUNDADES 1869 OCH HAR BLIVIT EN AV DE MEST RESPEKTERADE INSTITUTIONERNA INOM FILATELIN. SEDAN STARTEN HAR SÄLLSKAPET VARIT DEDIKERAT TILL FRÄMJANDET AV FILATELI, VILKET GER EN PLATTFORM FÖR FORSKNING, UTBILDNING OCH BRODERSKAP BLAND FILATELISTER. ÅR 1906, SOM ETT ERKÄNNANDE AV DESS BETYDELSE, FICK DEN TITELN "KUNGLIG" AV KUNG EDWARD VII. IDAG FORTSÄTTER DET ATT SPELA EN CENTRAL ROLL I FRIMÄRKSSAMLANDETS VÄRLD OCH LOCKAR MEDLEMMAR FRÅN ALLA KONTINENTER.

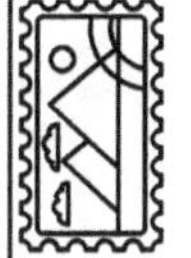
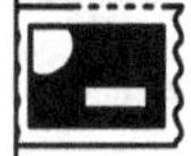
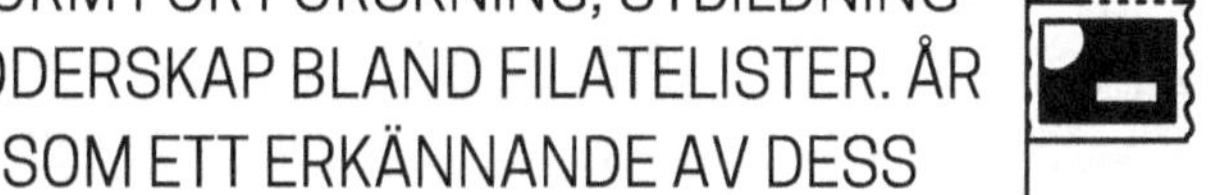
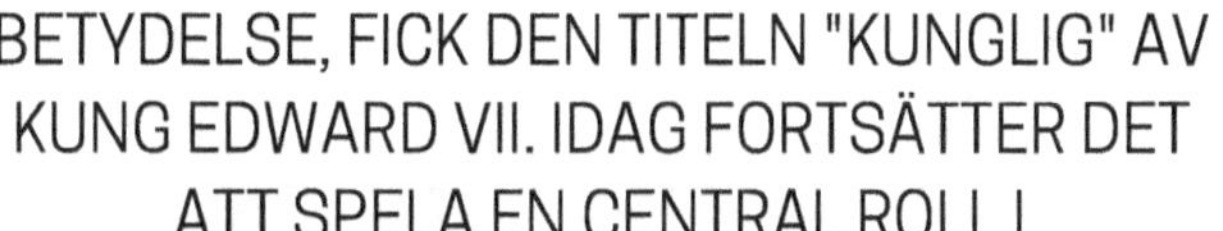
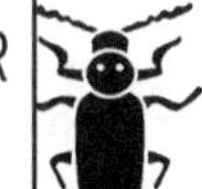
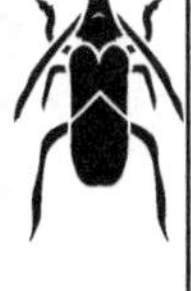

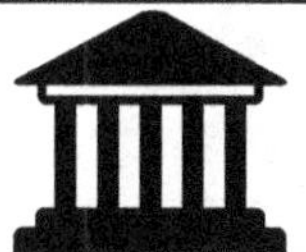
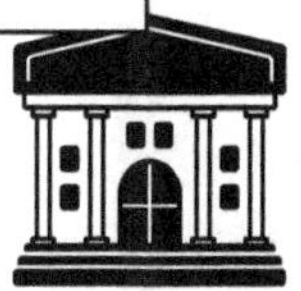

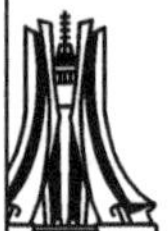

38

FILATELINS HISTORIA ÄR FULL AV ÖVERRASKANDE UPPTÄCKTER. EXTREMT SÄLLSYNTA OCH VÄRDEFULLA FRIMÄRKEN HAR HITTATS PÅ PLATSER DÄR INGEN FÖRVÄNTAT SIG DEM: GÖMDA I BOTTEN AV GAMLA LÅDOR, ANVÄNT SOM BOKMÄRKEN I GAMLA BÖCKER ELLER TILL OCH MED BORTGLÖMDA PÅ DAMMIGA VINDAR. DESSA SLUMPMÄSSIGA UPPTÄCKTER FÖRVANDLADE OFTA DERAS UPPTÄCKARES LIV OCH KASTADE DEM IN I RAMPLJUSET I FILATELINS VÄRLD. DESSA FASCINERANDE BERÄTTELSER ÄR EN PÅMINNELSE OM ATT SKATTER KAN GÖMMAS PÅ DE MEST OVÄNTADE PLATSER OCH ATT MAGIN MED ATT SAMLA OFTA LIGGER I JAKTEN LIKA MYCKET SOM I ÄGANDET.

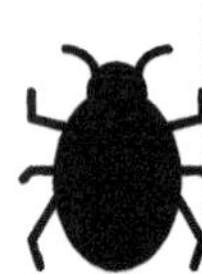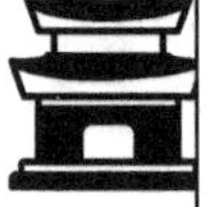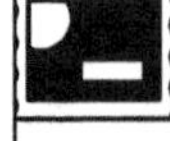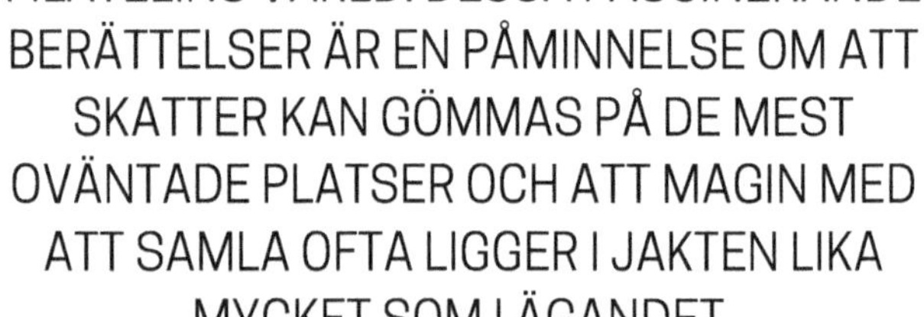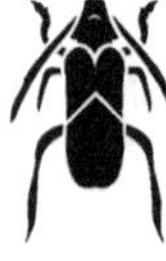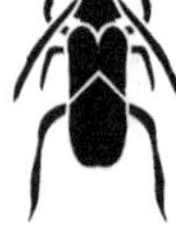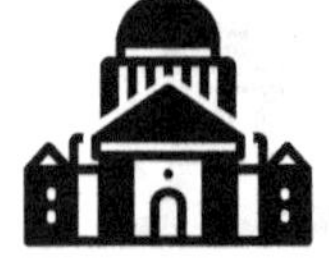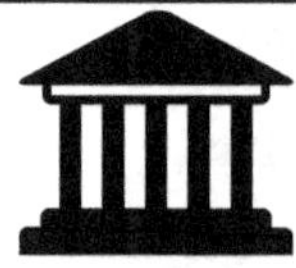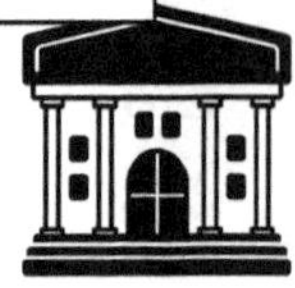

39

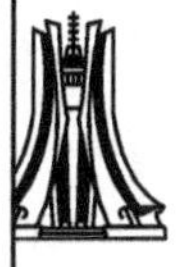

FRIMÄRKEN, SOM REFLEKTIONER AV ETT LANDS KULTUR- OCH NATURRIKEDOMAR, HAR OFTA ANVÄNTS FÖR ATT FIRA EN NATIONS UNIKA BIOLOGISKA MÅNGFALD. MAGNIFIKA EXOTISKA FÅGLAR, MAJESTÄTISKA LANDDÄGGDJUR, FINA BLOMMOR ELLER KRAFTIGA TRÄD KAN ALLA HITTA SIN PLATS PÅ ETT FRIMÄRKE. DESSA FILATELISTISKA FRÅGOR SPELAR EN AVGÖRANDE ROLL INTE BARA FÖR ATT ÖKA MEDVETENHETEN OM NATURENS SKÖNHET, UTAN OCKSÅ FÖR ATT LYFTA FRAM VIKTEN AV BEVARANDE OCH MILJÖSKYDD. FÖR MÅNGA SAMLARE ÄR DESSA FRIMÄRKEN, MED SINA DETALJERADE OCH FÄRGGLADA ILLUSTRATIONER, ETT FÖNSTER IN I DEN NATURLIGA VÄRLDEN, SOM PÅMINNER OSS OM LIVETS MÅNGFALD OCH PRAKT PÅ JORDEN.

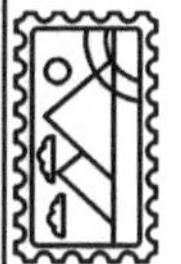
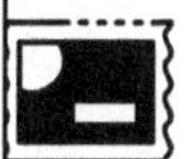
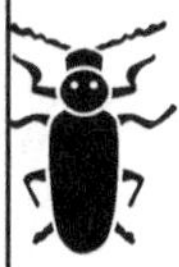
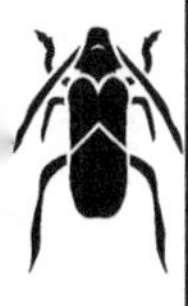

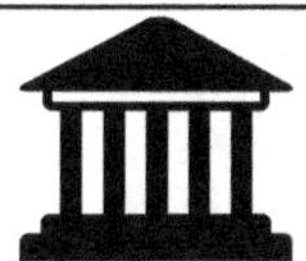
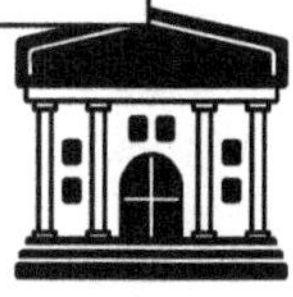

40

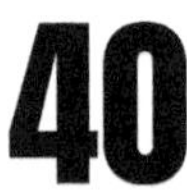

UTÖVER SIN TRADITIONELLA PORTOROLL HAR FRIMÄRKEN IBLAND ANVÄNTS SOM REKLAMVERKTYG. OAVSETT OM DE SKA MARKNADSFÖRA TURISTMÅL, KULTUREVENEMANG, NATIONELLA PRODUKTER ELLER TILL OCH MED STATLIGA INITIATIV, HAR VISSA FRIMÄRKEN BUDSKAP SOM TYDLIGT ÄR AVSEDDA ATT PÅVERKA ELLER INFORMERA ALLMÄNHETEN. DESSA "REKLAMFRIMÄRKEN" KAN VARA EN ÅTERSPEGLING AV EKONOMIN, KULTUREN ELLER POLITISKA PRIORITERINGAR I EN ERA, OCH DE ERBJUDER ETT FASCINERANDE PERSPEKTIV PÅ HUR REGERINGAR OCH FÖRETAG ANVÄNDE FILATELI FÖR ATT NÅ SIN MÅLGRUPP.

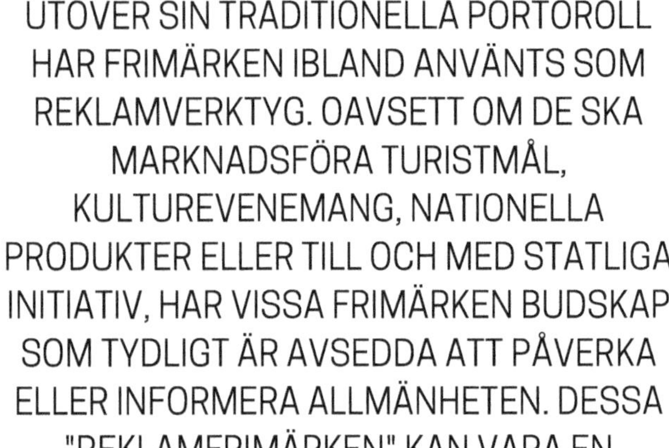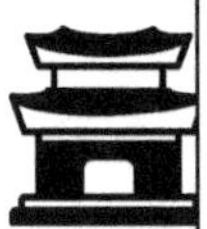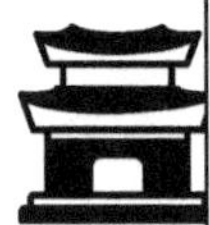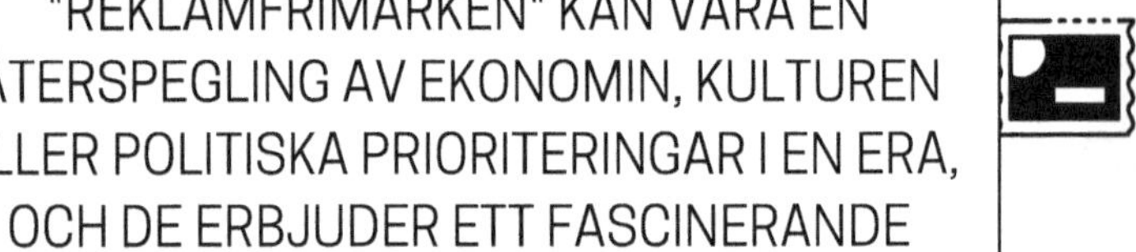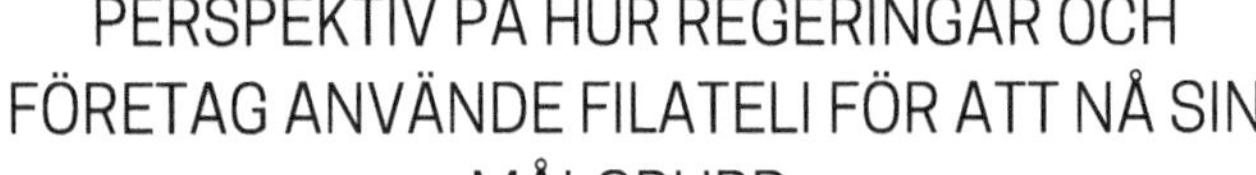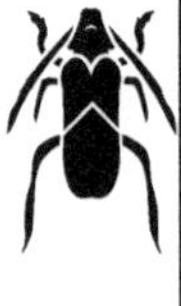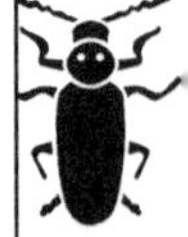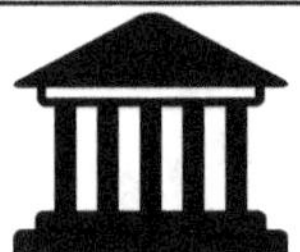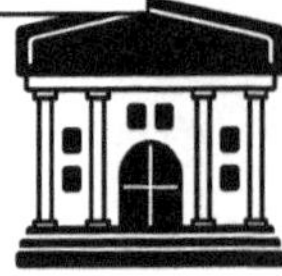

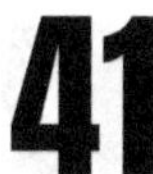
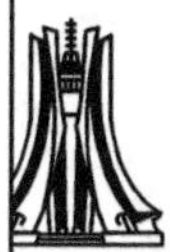

41

VATTENSTÄMPLAR, DESSA SUBTILA MÖNSTER ELLER TECKEN INBÄDDADE I PAPPER, HAR LÄNGE ANVÄNTS SOM EN AV DE PRIMÄRA SÄKERHETSFUNKTIONERNA FÖR FRIMÄRKEN. BEROENDE PÅ LJUSET BLIR DESSA DISKRETA TECKNINGAR SYNLIGA OCH VITTNAR OM FRIMÄRKETS ÄKTHET. VATTENSTÄMPELDESIGN KAN VARIERA, FRÅN NATIONELLA INITIALER TILL SPECIFIKA EMBLEM ELLER SYMBOLER. ATT UPPTÄCKA DESSA VATTENSTÄMPLAR KRÄVER OFTA NOGGRANN OBSERVATION ELLER ANVÄNDNING AV SPECIALUTRUSTNING, VILKET GER EN DIMENSION AV MYSTIK OCH UNDERSÖKNING TILL KONSTEN ATT SAMLA FRIMÄRKEN.

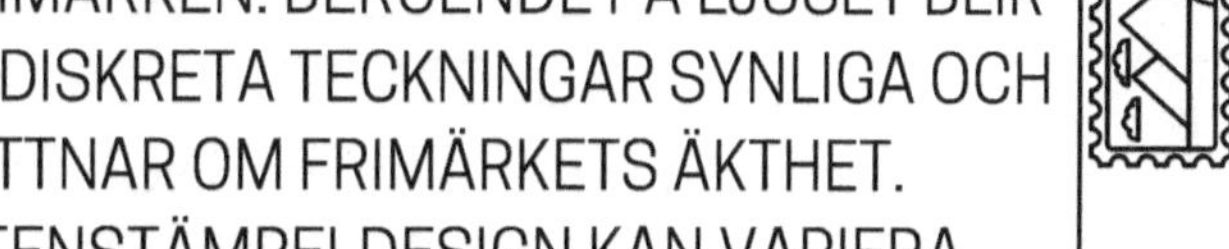
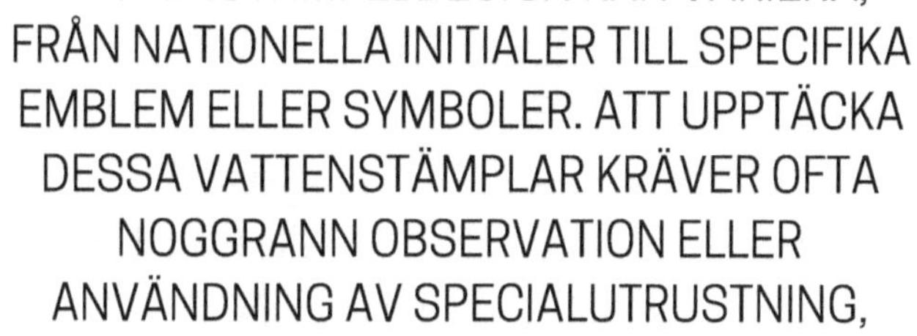
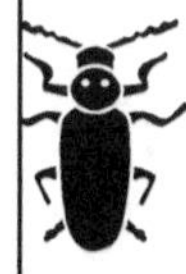
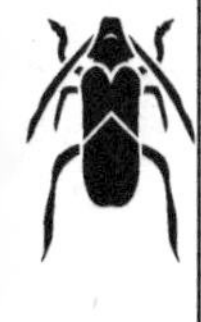
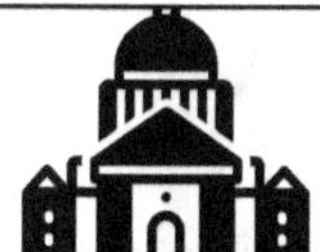
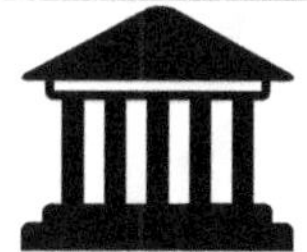
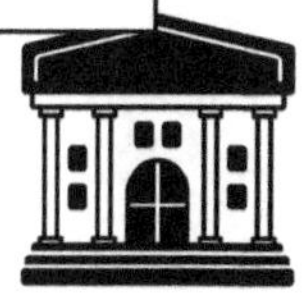

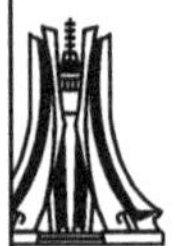

42

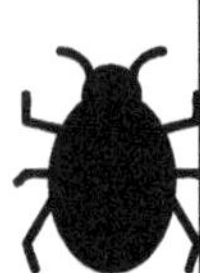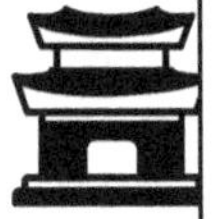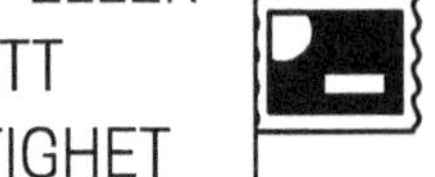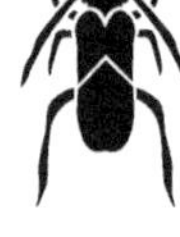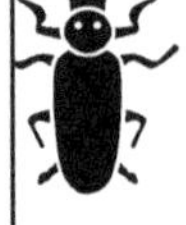

INFÖR FLUKTUERANDE EKONOMIER OCH VARIERANDE INFLATIONSTAKT HAR VISSA POSTFÖRVALTNINGAR INFÖRT FRIMÄRKEN VARS NOMINELLA VÄRDE ANPASSAS EFTER INFLATIONEN ELLER NUVARANDE POSTTAXOR. DESSA "STÄMPLAR MED VARIABELT VÄRDE" ELLER "ONOMINERADE FRIMÄRKEN" HAR INTE ETT SPECIFIKT PENNINGVÄRDE, UTAN SNARARE EN BETECKNING, SÅSOM "GRUNDKURS" ELLER "FÖRSTA KLASS". DETTA GÖR ATT FRIMÄRKEN KAN BEHÅLLA SIN GILTIGHET TROTS EKONOMISKA FÖRÄNDRINGAR, VILKET GER ANVÄNDARNA FLEXIBILITET OCH EFFEKTIVITET FÖR POSTTJÄNSTERNA. FÖR FILATELISTER GER DESSA FRIMÄRKEN INSIKT I DE EKONOMISKA UTMANINGAR OCH INNOVATIVA LÖSNINGAR SOM ANTAGITS AV POSTFÖRVALTNINGARNA.

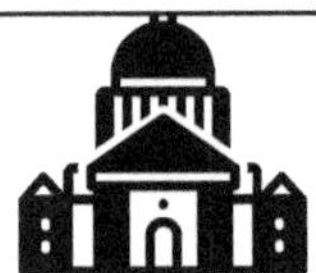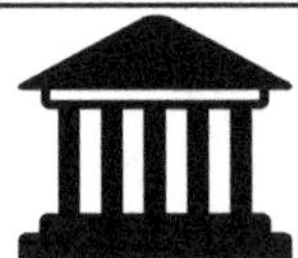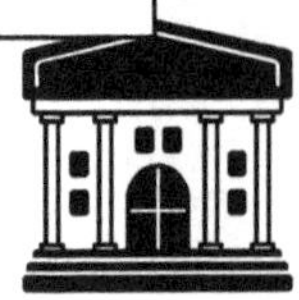

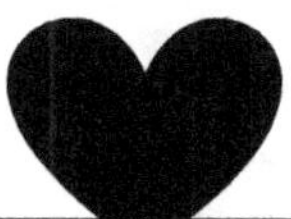

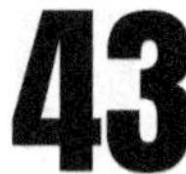
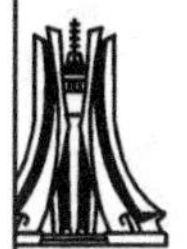

43

"BLÅ MAURITIUS" (ELLER "MAURITIUS BLEU"), UTGIVEN 1847 AV MAURITIUS, ÄR EN AV FILATELINS LEGENDER. DET ÄR BLAND DE FÖRSTA BRITTISKA FRIMÄRKENA SOM PRODUCERATS UTANFÖR STORBRITANNIEN OCH ÄR KÄNT FÖR SIN SÄLLSYNTHET OCH DISTINKTA DESIGN. DEN FÖRESTÄLLER EN PROFIL AV DROTTNING VICTORIA PÅ BLÅ BAKGRUND, MED INSKRIPTIONEN "POST OFFICE" (SOM SENARE ERSATTES AV "POST PAID"). PÅ GRUND AV SIN SÄLLSYNTHET OCH FASCINERANDE HISTORIA ÄR DETTA FRIMÄRKE EXTREMT EFTERTRAKTAT AV SAMLARE OCH HAR SÅLTS FÖR ASTRONOMISKA PRISER PÅ AUKTIONER. DEN SYMBOLISERAR DEN MYSTISKA CHARMEN OCH DEN EVIGA STRÄVAN SOM KÄNNETECKNAR FILATELINS VÄRLD.

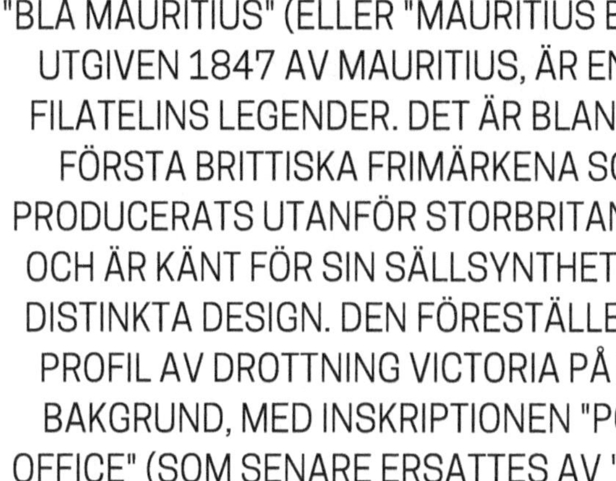
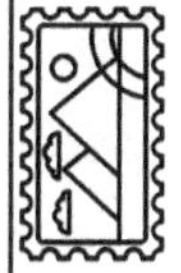
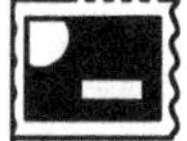
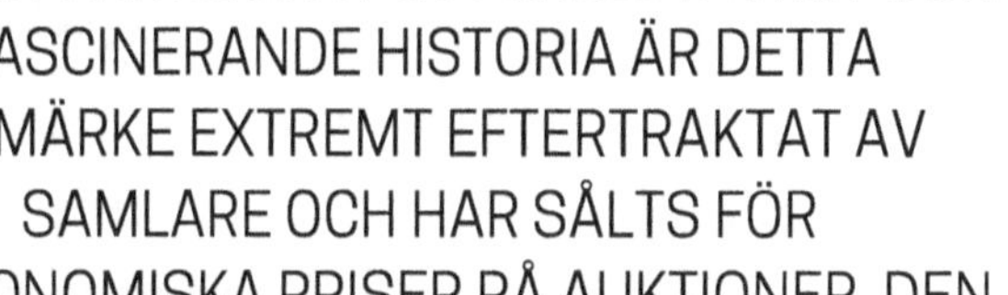
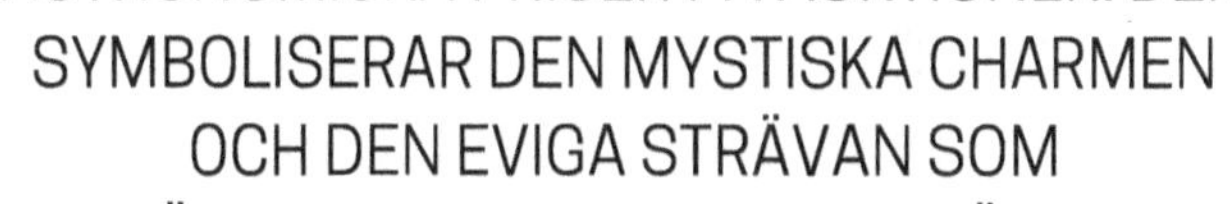
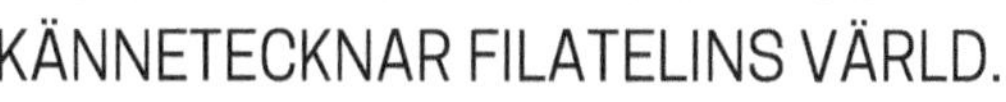
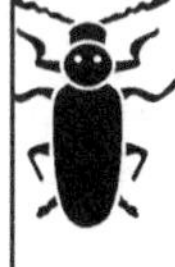
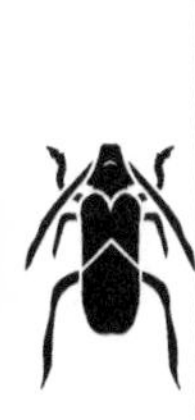
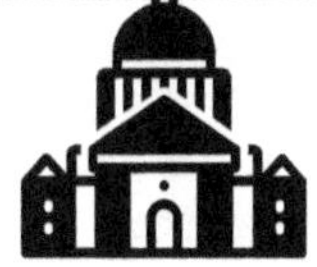
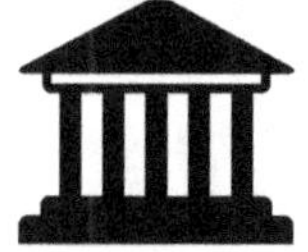
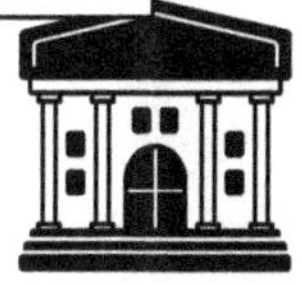

44

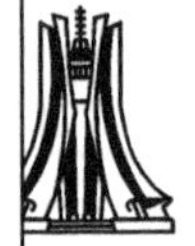

I ETT FÖRSÖK ATT MODERNISERA OCH SÄKRA FRIMÄRKEN HAR VISSA POSTFÖRVALTNINGAR ANTAGIT ANVÄNDNINGEN AV FOSFORESCERANDE BLÄCK. DESSA SPECIELLA BLÄCK HAR FÖRMÅGAN ATT ABSORBERA LJUS OCH ÅTERUTSÄNDA DET, VILKET GÖR ATT STÄMPLARNA LYSER I MÖRKRET. BORTSETT FRÅN DERAS VISUELLA DRAGNINGSKRAFT SPELAR DESSA BLÄCK OCKSÅ EN AVGÖRANDE ROLL FÖR ATT MEKANISERA POSTSORTERING EFTERSOM MASKINER KAN UPPTÄCKA LUMINESCENS OCH BEARBETA POST SNABBARE. FÖR SAMLARE GER FRIMÄRKEN SOM LYSER I MÖRKRET EN UNIK DIMENSION TILL SIN SAMLING, OCH KOMBINERAR MODERN TEKNIK OCH KONSTNÄRLIG DESIGN.

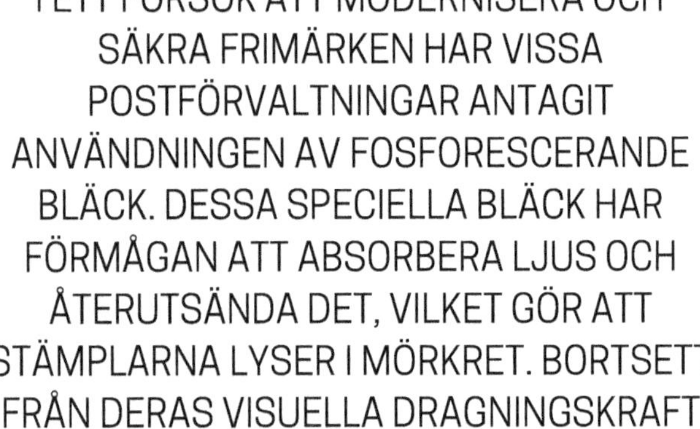
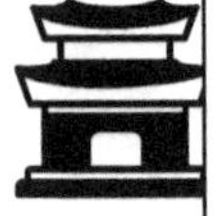
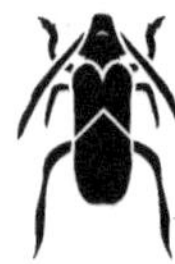
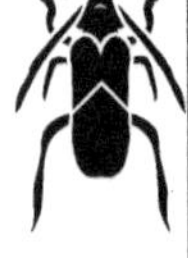

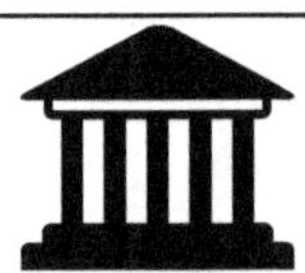
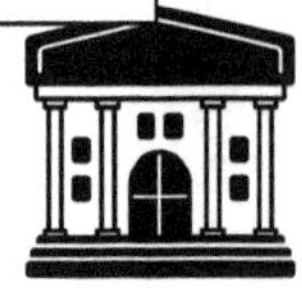

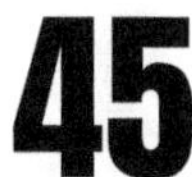

45

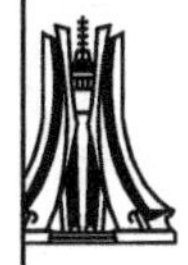

MEDAN MÅNGA FRIMÄRKEN GES UT FÖR ALLMÄN, UTÖKAD ANVÄNDNING, ÄR VISSA SÄRSKILT UTFORMADE FÖR SÄRSKILDA EVENEMANG ELLER TILLFÄLLEN OCH HAR EN BEGRÄNSAD LIVSLÄNGD. DESSA FRIMÄRKEN, OFTA KALLADE "MINNESFRÅGOR", KAN FIRA NATIONELLA EVENEMANG, HISTORISKA ÅRSDAGAR ELLER KULTURELLA HÖGTIDER. EFTER DEN ANGIVNA PERIODEN ÄR DESSA FRIMÄRKEN I ALLMÄNHET INTE LÄNGRE TILLGÄNGLIGA FÖR FÖRSÄLJNING OCH ÄR INTE LÄNGRE GILTIGA FÖR PORTO. DERAS TILLFÄLLIGA NATUR GÖR DEM SÄRSKILT POPULÄRA BLAND SAMLARE, EFTERSOM DE FÅNGAR ETT SPECIFIKT ÖGONBLICK I TIDEN OCH OFTA BLIR SÄLLSYNTA OCH EFTERTRAKTADE FÖREMÅL.

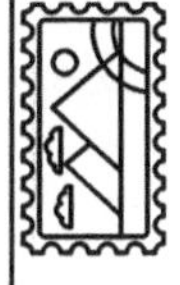

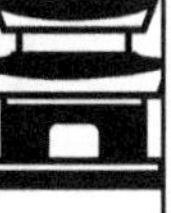

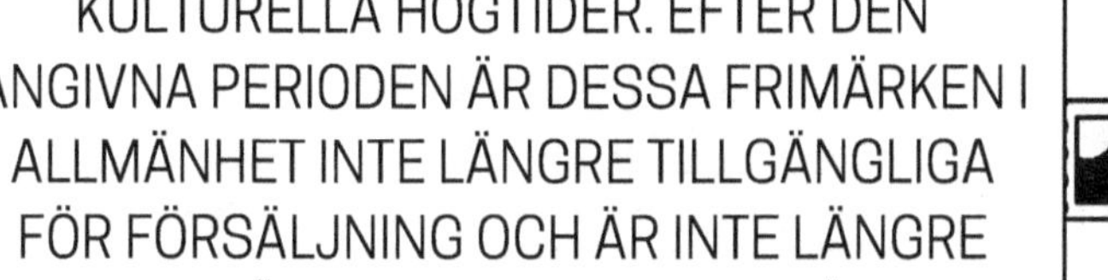

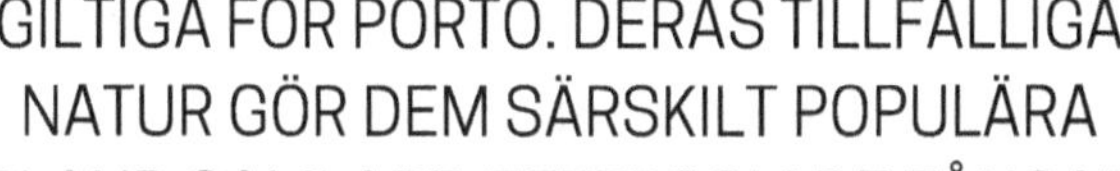

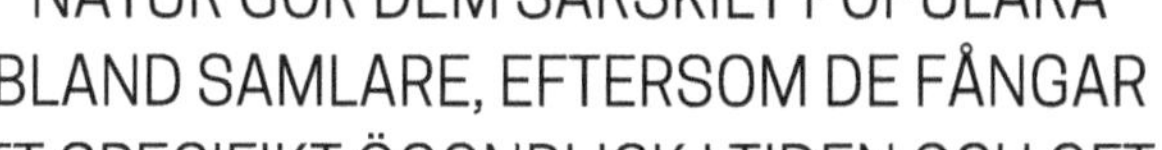

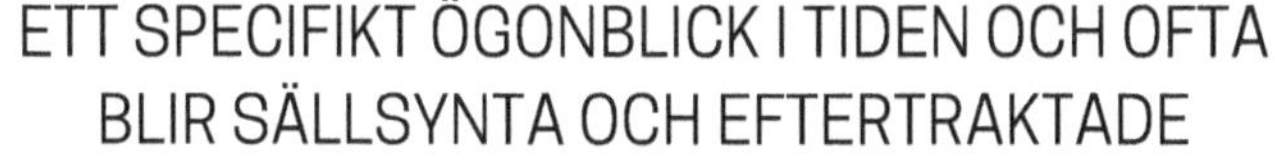

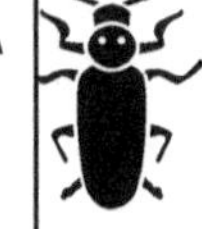

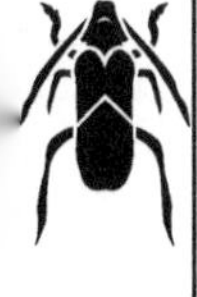

 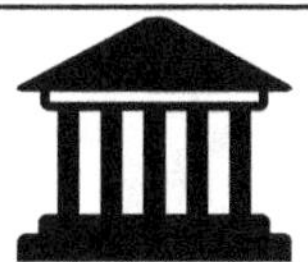 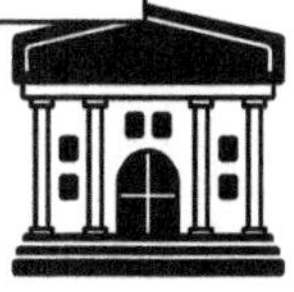

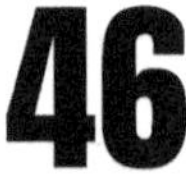
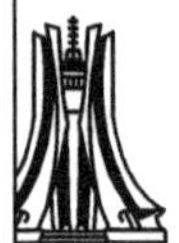

46

VID FRIMÄRKSSAMLANDETS GRYNING VAR TRYCKTEKNIK OCH METODER MYCKET ANNORLUNDA ÄN VAD VI KÄNNER TILL IDAG. DE ALLRA FÖRSTA FRIMÄRKENA, INNAN PERFORERINGARNA UPPFANNS, TRYCKTES I STORA ARK OCH MÅSTE SKÄRAS FÖR HAND MED SAX ELLER BLAD. DENNA MANUELLA PRAXIS GÖR ATT MARGINALERNA PÅ GAMLA FRIMÄRKEN KAN VARIERA AVSEVÄRT OCH INTE ALLTID ÄR HELT RAKA. DESSA OEGENTLIGHETER, LÅNGT IFRÅN ATT BETRAKTAS SOM DEFEKTER, BIDRAR TILL ÄKTHETEN OCH CHARMEN HOS GAMLA FRIMÄRKEN, VILKET VITTNAR OM FILATELINS TEKNISKA UTVECKLING.

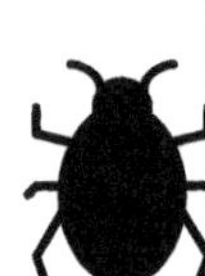
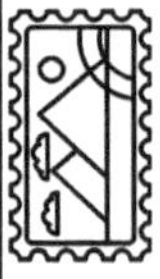
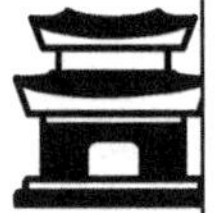

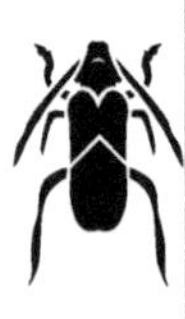
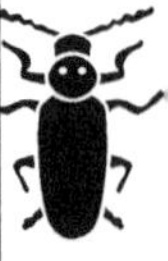

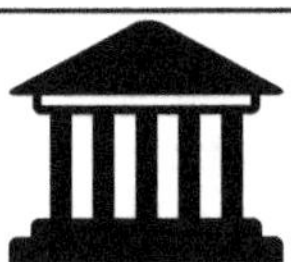
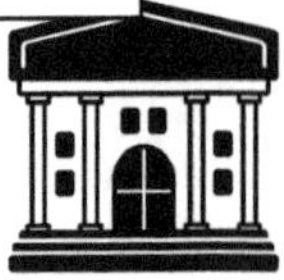

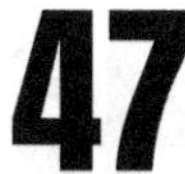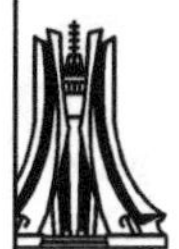

47

BEROENDE PÅ AVSEDD ANVÄNDNING OCH POSTFÖRVALTNINGARNAS PREFERENSER KAN FRIMÄRKEN PRESENTERAS PÅ OLIKA SÄTT. ARK, OFTA BESTÅENDE AV FLERA RADER OCH KOLUMNER MED FRIMÄRKEN, ÄR VANLIGA FÖR MINNES- ELLER SPECIALNUMMER. HÄFTEN, KOMPAKTA OCH PRAKTISKA, INNEHÅLLER I ALLMÄNHET ETT LITET ANTAL FRIMÄRKEN OCH ÄR IDEALISKA FÖR DAGLIGT BRUK. SLUTLIGEN INNEHÅLLER RULLARNA, FRÄMST AVSEDDA FÖR FÖRETAG ELLER FREKVENTA ANVÄNDARE, SERIER AV FRIMÄRKEN SOM KLISTRATS FRÅN BÖRJAN. VARJE FORMAT HAR SINA FÖRDELAR OCH FÖR SAMLARE ERBJUDER DE OLIKA ASPEKTER OCH TILLVÄGAGÅNGSSSÄTT FÖR ATT SAMLA FRIMÄRKEN.

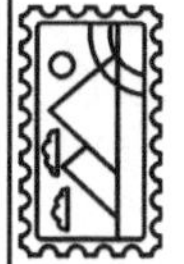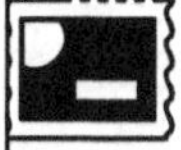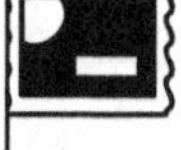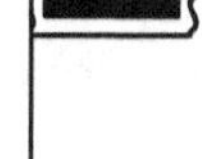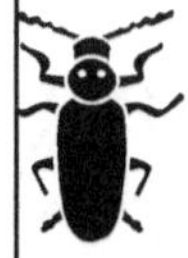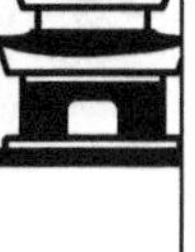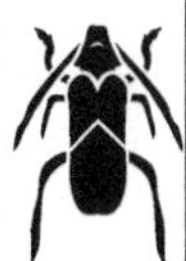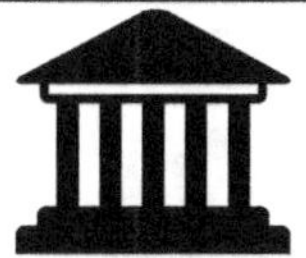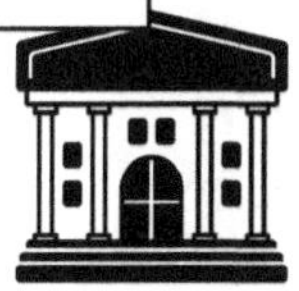

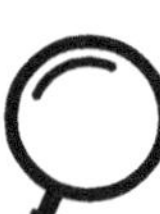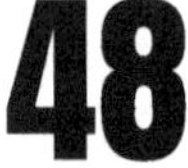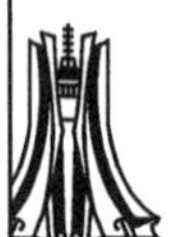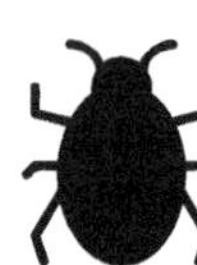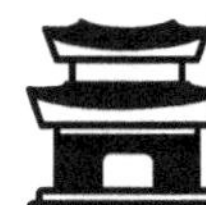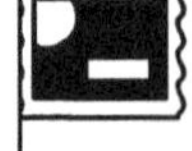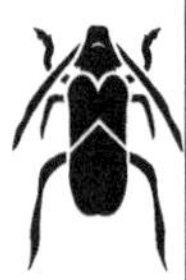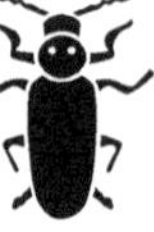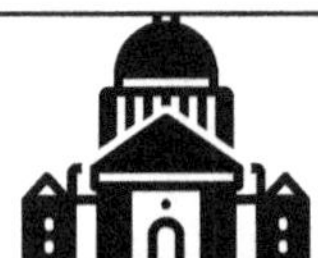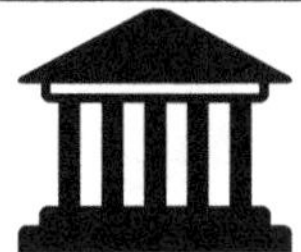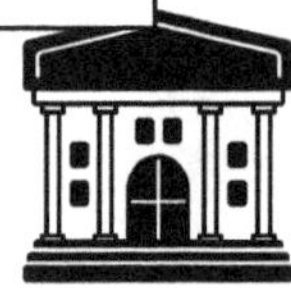

48

FILATELI, ÄVEN OM DEN ÄR EN FREDLIG PASSION, ÄR INTE IMMUN MOT GEOPOLITISKA REALITETER. I VISSA REGIONER I VÄRLDEN KAN POLITISKA SPÄNNINGAR, EMBARGON ELLER EKONOMISKA SANKTIONER GÖRA FÖRVÄRVET AV FRIMÄRKEN SÄRSKILT SVÅRT. DESSA RESTRIKTIONER KAN GÖRA ETT FRIMÄRKE SOM ÄR VANLIGT I SITT URSPRUNGSLAND TILL ETT SÄLLSYNT OCH VÄRDEFULLT SAMLAROBJEKT UTOMLANDS. FÖR FRIMÄRKSSAMLARE BIDRAR DESSA UTMANINGAR TILL UPPDRAGET, EFTERSOM ATT SÖKA EFTER DESSA "FÖRBJUDNA FRIMÄRKEN" KAN KRÄVA UTHÅLLIGHET, UPPFINNINGSRIKEDOM OCH IBLAND LITE ÄVENTYR.

49

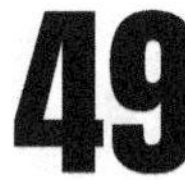
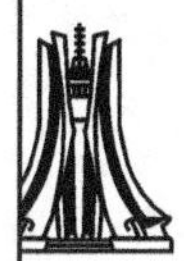

UNDER EXCEPTIONELLA OMSTÄNDIGHETER, SÄRSKILT UNDER KRIG ELLER EKONOMISKA KRISER, HAR VISSA REGIONER TILLGRIPIT IMPROVISERADE LÖSNINGAR FÖR SINA DAGLIGA TRANSAKTIONER. FRIMÄRKEN, ERKÄNDA OCH MED ETT NOMINELLT VÄRDE, ANVÄNDES IBLAND SOM EN ERSÄTTNINGSVALUTA NÄR TRADITIONELL VALUTA VAR KNAPP ELLER DEVALVERAD. DESSA STÄMPLAR FÄSTES OFTA PÅ PAPPERS- ELLER KARTONGBITAR FÖR ATT UNDERLÄTTA ANVÄNDNINGEN. ÄVEN OM DENNA PRAXIS I ALLMÄNHET BARA VAR TILLFÄLLIG, TALAR DEN OM MÅNGSIDIGHETEN OCH DET INNEBOENDE VÄRDET AV FRIMÄRKEN I SAMHÄLLET.

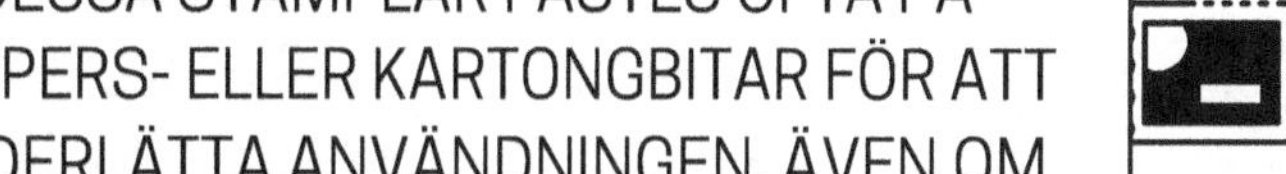
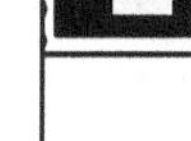
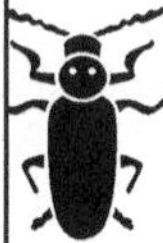
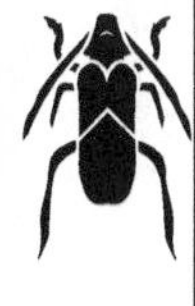
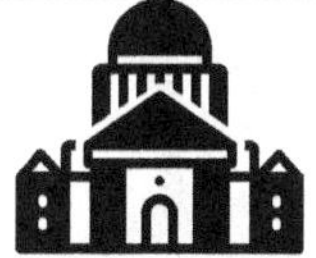
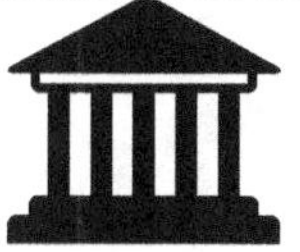
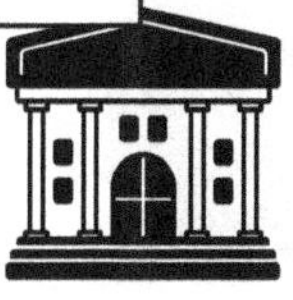

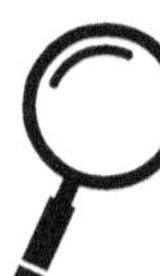

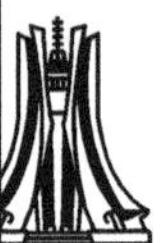

50

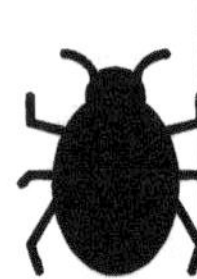
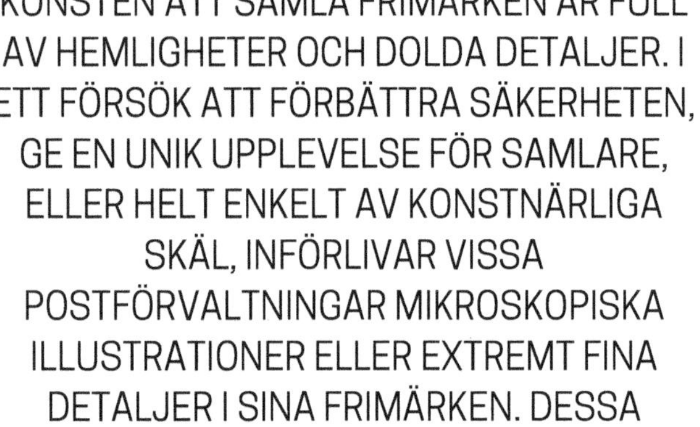
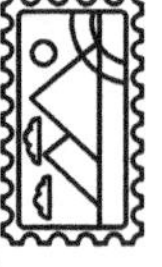

KONSTEN ATT SAMLA FRIMÄRKEN ÄR FULL AV HEMLIGHETER OCH DOLDA DETALJER. I ETT FÖRSÖK ATT FÖRBÄTTRA SÄKERHETEN, GE EN UNIK UPPLEVELSE FÖR SAMLARE, ELLER HELT ENKELT AV KONSTNÄRLIGA SKÄL, INFÖRLIVAR VISSA POSTFÖRVALTNINGAR MIKROSKOPISKA ILLUSTRATIONER ELLER EXTREMT FINA DETALJER I SINA FRIMÄRKEN. DESSA ELEMENT KAN VARA ORD, BILDER ELLER SYMBOLER SOM ENDAST ÄR SYNLIGA MED FÖRSTORINGSGLAS ELLER MIKROSKOP. FÖR FRIMÄRKSSAMLARE ÄR DET ETT NÖJE I SIG ATT UPPTÄCKA DESSA DOLDA DETALJER, VILKET LÄGGER TILL ETT EXTRA LAGER AV MYSTIK OCH FASCINATION TILL DERAS SAMLING.

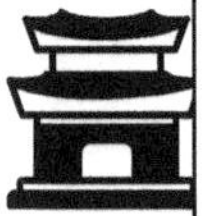
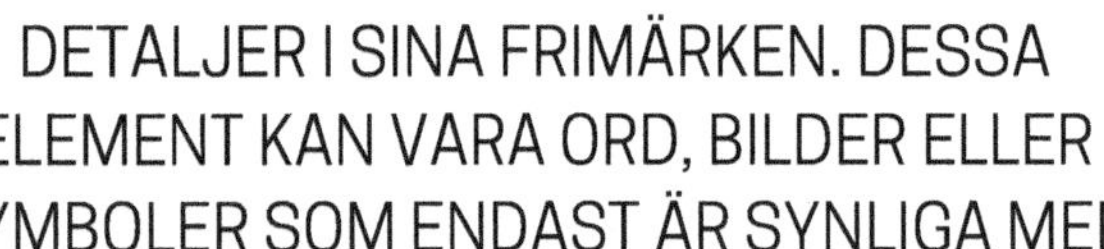
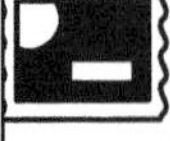
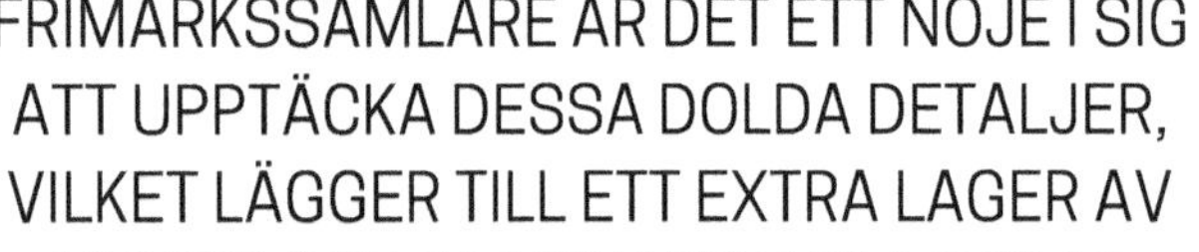
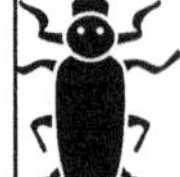
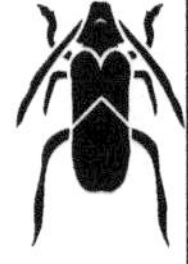
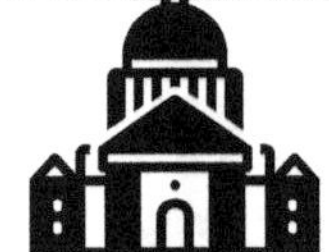
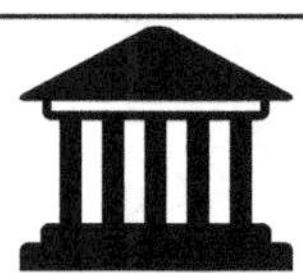
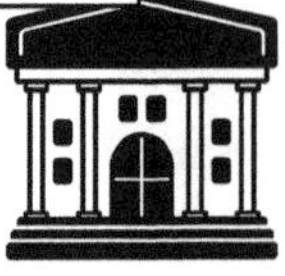

51

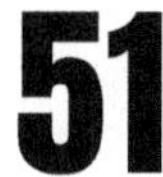
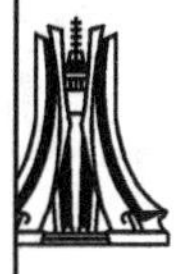

FRIMÄRKEN, SOM KULTURAMBASSADÖRER, SPELAR EN AVGÖRANDE ROLL FÖR ATT SPRIDA OCH FIRA TRADITIONER OCH HÖGTIDER RUNT OM I VÄRLDEN. OAVSETT OM DET MARKERAR DET KINESISKA NYÅRET, FIRAR RIO-KARNEVALEN ELLER FIRAR DIWALI-LJUSFESTIVALEN, SÅ FÅNGAR FRIMÄRKEN ESSENSEN, FÄRGERNA OCH KÄNSLORNA FRÅN DESSA SPECIELLA TILLFÄLLEN. DE FUNGERAR INTE BARA SOM SOUVENIRER TILL DESSA FESTIVALER, UTAN OCKSÅ SOM UTBILDARE, SOM INTRODUCERAR OCH BEKANTAR MÄNNISKOR MED TRADITIONER OCH FESTER SOM DE KANSKE INTE KÄNNER TILL. DESSA FRIMÄRKEN ÅTERSPEGLAR DEN MÄNSKLIGA FAMILJENS MÅNGFALD, RIKEDOM OCH ENHET GENOM DESS MÅNGA FIRANDE.

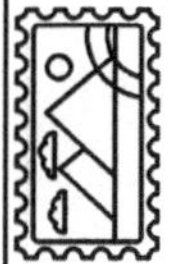
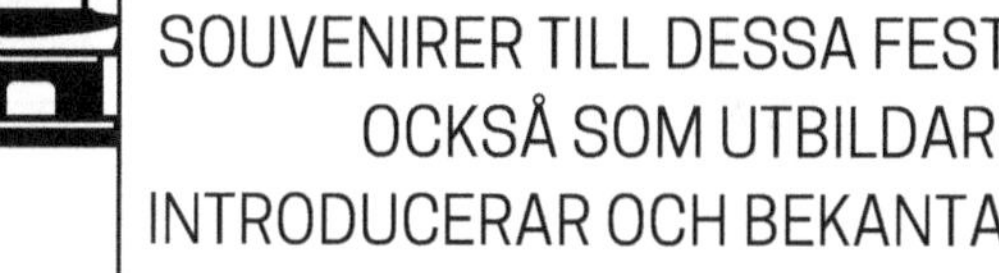
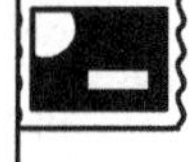
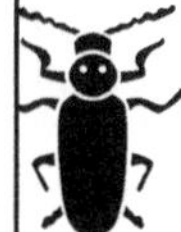
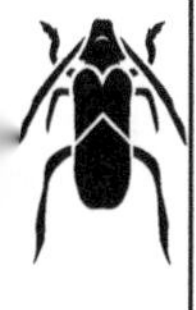
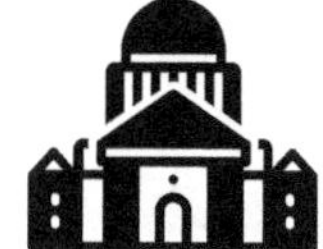
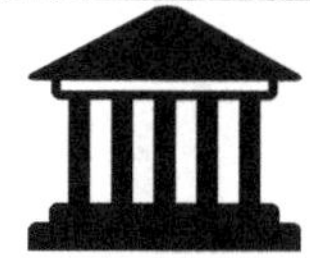
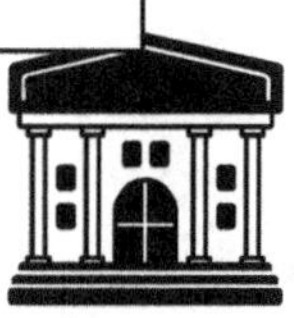

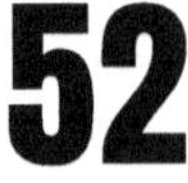
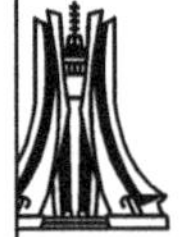

52

I FLERA LÄNDER FINNS SÄRSKILDA
FRIMÄRKEN SOM ÄR RESERVERADE
UTESLUTANDE FÖR OFFICIELLT BRUK AV
REGERINGEN ELLER MONARKIN. DESSA
STÄMPLAR, OFTA KALLADE
"SERVICESTÄMPLAR" ELLER "OFFICIELLA
STÄMPLAR", KAN HA SPECIFIKA EMBLEM
ELLER INSKRIPTIONER SOM ANGER DERAS
BEGRÄNSADE ANVÄNDNING. DE KAN TILL
EXEMPEL BÄRA SIGILL FRÅN ETT VISST
DEPARTEMENT ELLER DE KUNGLIGA
INITIALERNA. DESSA FRIMÄRKEN ÄR I
ALLMÄNHET INTE TILLGÄNGLIGA FÖR
ALLMÄNHETEN, VILKET GÖR DEM SÄRSKILT
SÄLLSYNTA OCH EFTERTRAKTADE AV
SAMLARE. DERAS NÄRVARO VITTNAR OM
PROTOKOLLETS BETYDELSE OCH DEN
HIERARKISKA STRUKTUREN HOS VISSA
STATLIGA ELLER MONARKISKA SYSTEM.

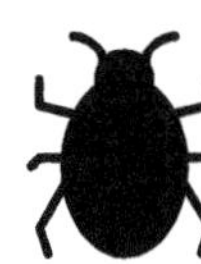
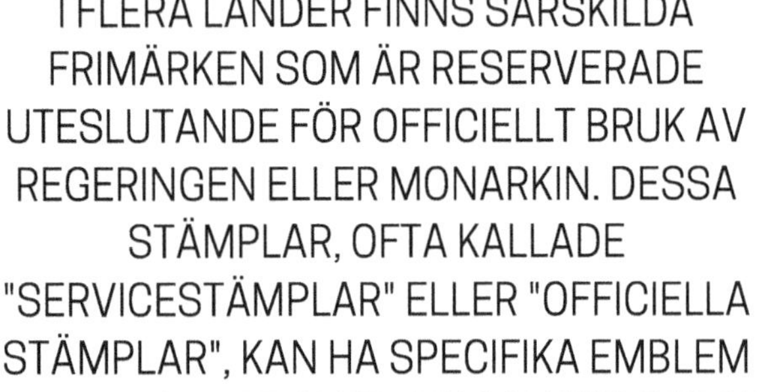
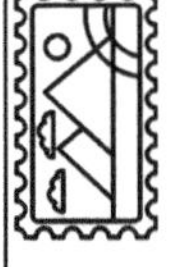
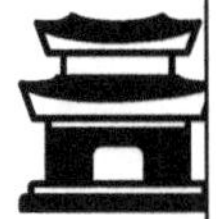
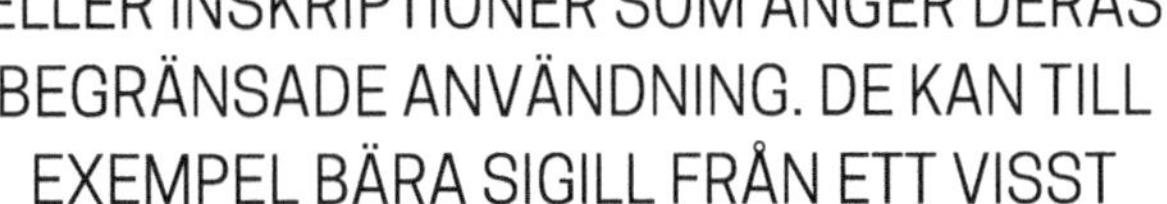
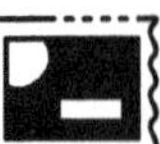
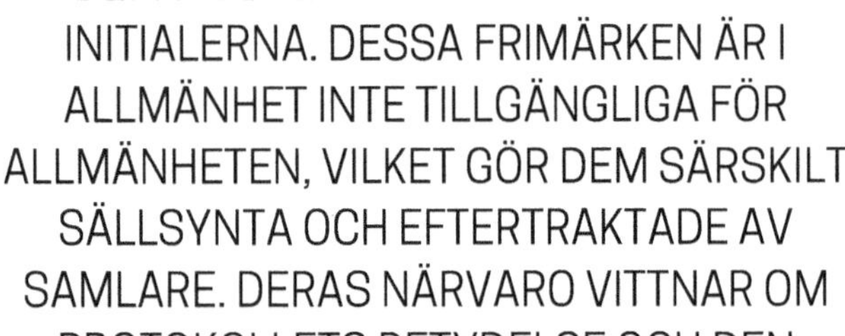
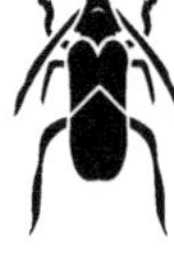
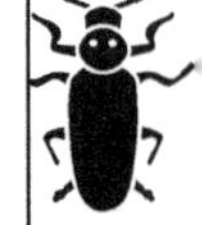
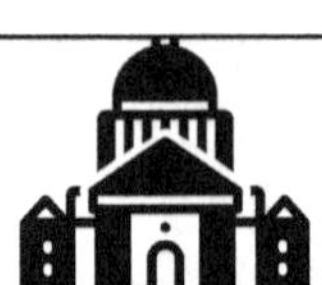
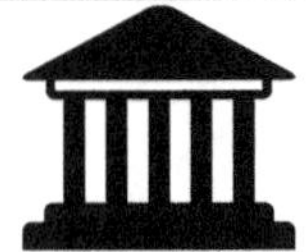
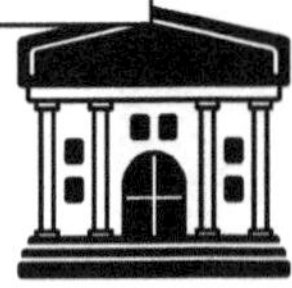

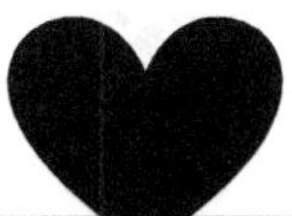

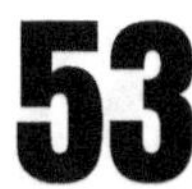
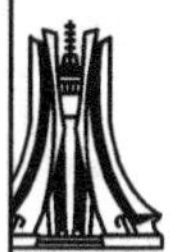

53

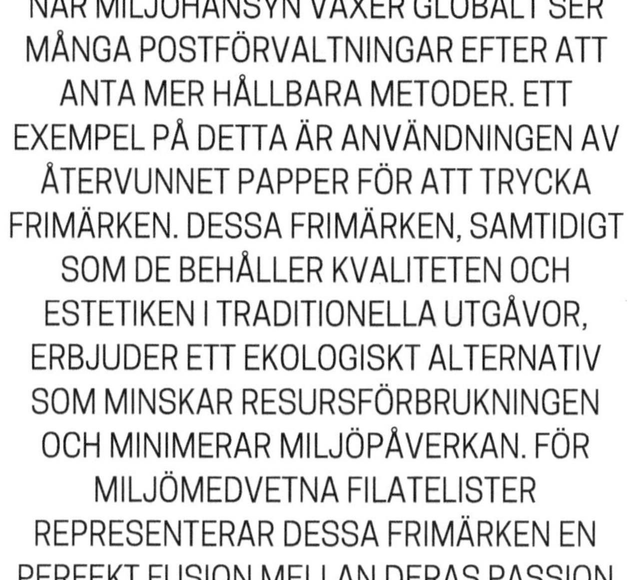

NÄR MILJÖHÄNSYN VÄXER GLOBALT SER MÅNGA POSTFÖRVALTNINGAR EFTER ATT ANTA MER HÅLLBARA METODER. ETT EXEMPEL PÅ DETTA ÄR ANVÄNDNINGEN AV ÅTERVUNNET PAPPER FÖR ATT TRYCKA FRIMÄRKEN. DESSA FRIMÄRKEN, SAMTIDIGT SOM DE BEHÅLLER KVALITETEN OCH ESTETIKEN I TRADITIONELLA UTGÅVOR, ERBJUDER ETT EKOLOGISKT ALTERNATIV SOM MINSKAR RESURSFÖRBRUKNINGEN OCH MINIMERAR MILJÖPÅVERKAN. FÖR MILJÖMEDVETNA FILATELISTER REPRESENTERAR DESSA FRIMÄRKEN EN PERFEKT FUSION MELLAN DERAS PASSION FÖR ATT SAMLA OCH DERAS ENGAGEMANG FÖR PLANETEN.

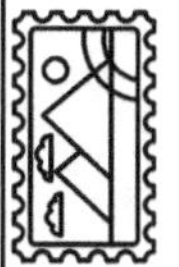
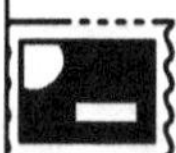
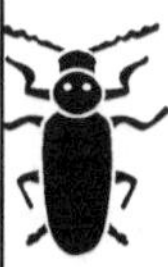
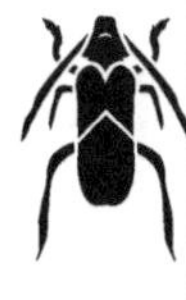
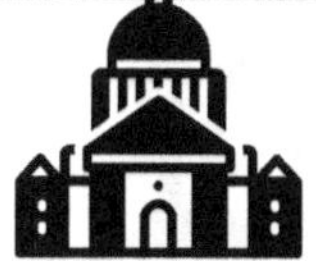
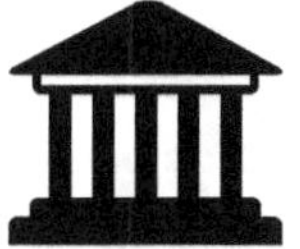
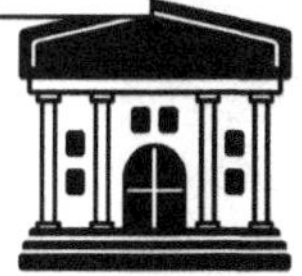

54

 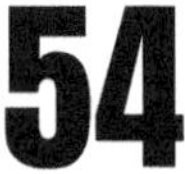 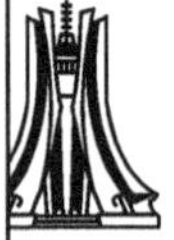

FÖR ATT BEKÄMPA FÖRFALSKNING OCH ÖKA SÄKERHETEN FÖR FRIMÄRKEN ANVÄNDER VISSA POSTFÖRVALTNINGAR MIKROTRYCKTEKNIKEN. DENNA METOD GÅR UT PÅ ATT INTEGRERA ORD, SIFFROR ELLER MÖNSTER SOM ÄR EXTREMT FINA OCH NÄSTAN OMÖJLIGA FÖR BLOTTA ÖGAT PÅ FRIMÄRKET. DESSA MIKROTRYCK, VANLIGTVIS ENDAST SYNLIGA UNDER HÖG FÖRSTORING, LÄGGER TILL ETT EXTRA LAGER AV SKYDD MOT ILLEGALA REPRODUKTIONER. FÖR SAMLARE BIDRAR NÄRVARON AV DESSA SMÅ DETALJER TILL FRIMÄRKETS KOMPLEXITET OCH TILLTALANDE, SAMTIDIGT SOM DET VISAR TEKNISKA FRAMSTEG INOM OMRÅDET FÖR SÄKER UTSKRIFT.

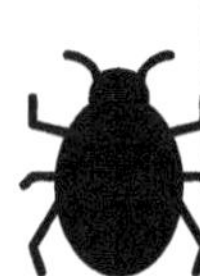 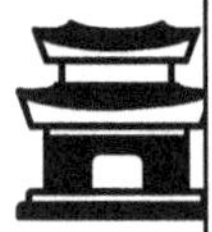 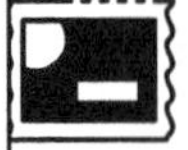 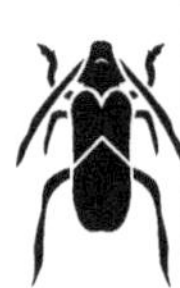 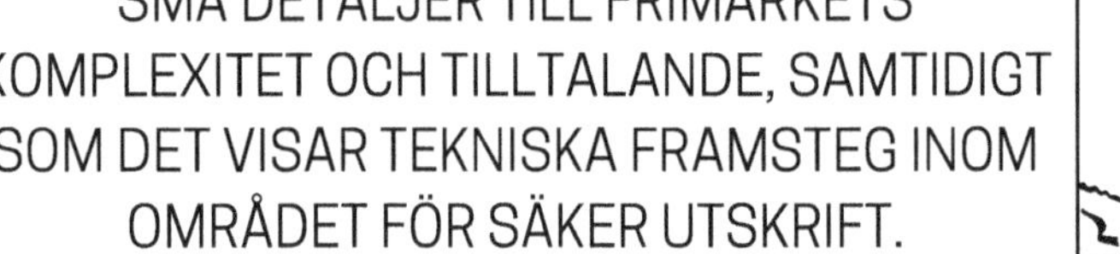 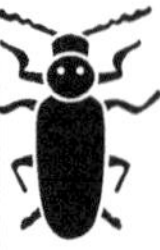 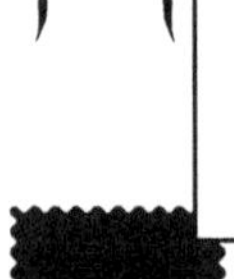  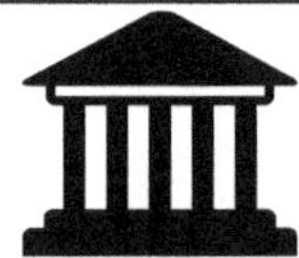 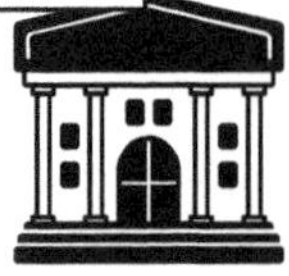

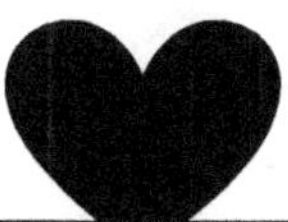

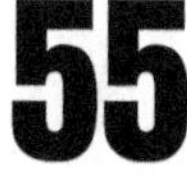
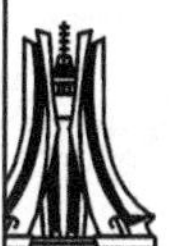
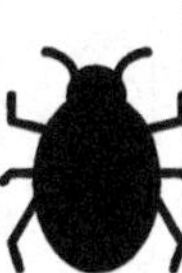
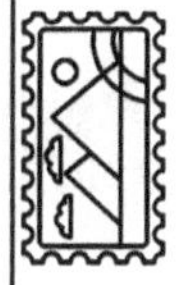

55

VETENSKAPEN, MED SINA REVOLUTIONERANDE UPPTÄCKTER OCH STORA FRAMSTEG, HAR OFTA HEDRATS GENOM FRIMÄRKEN. OAVSETT OM MAN VILL FIRA DEN FÖRSTA PROMENADEN PÅ MÅNEN, FIRA IKONISKA FIGURER SOM ALBERT EINSTEIN ELLER MARIE CURIE, ELLER LYFTA FRAM VIKTIGA MEDICINSKA UPPTÄCKTER, FUNGERAR DESSA FRIMÄRKEN SOM BROAR MELLAN DEN VETENSKAPLIGA VÄRLDEN OCH ALLMÄNHETEN. DE UTBILDAR, INSPIRERAR OCH PÅMINNER OM DEN MÄNSKLIGA ANDENS TRIUMFER I DESS OÄNDLIGA SÖKANDE EFTER KUNSKAP. FÖR FRIMÄRKSSAMLARE ÄR DESSA NUMMER EN HYLLNING TILL MÄNSKLIG UPPFINNINGSRIKEDOM OCH VETENSKAPENS BESTÅENDE INVERKAN PÅ SAMHÄLLET.

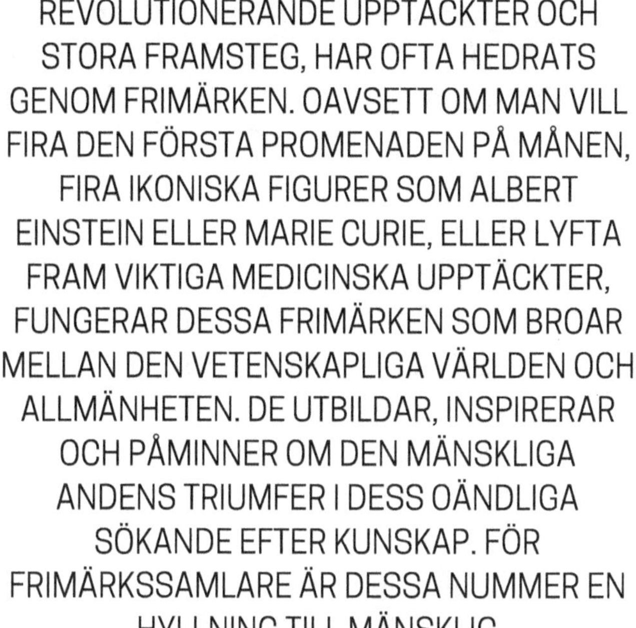
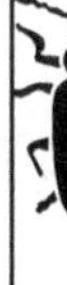
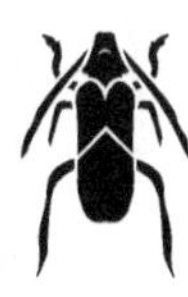
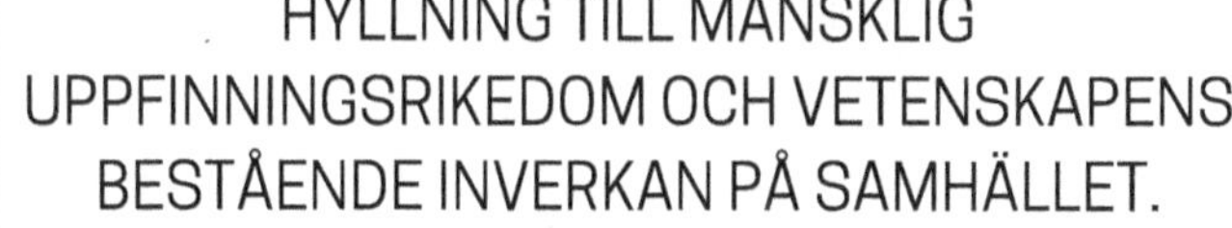
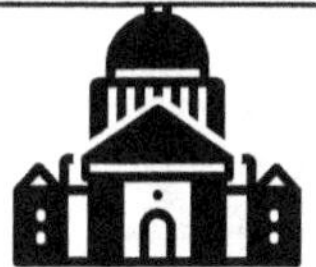
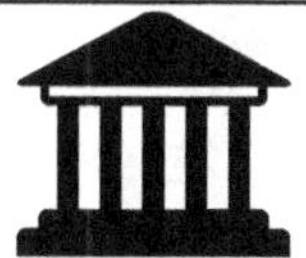
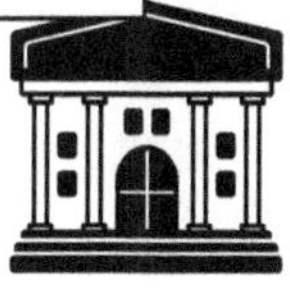

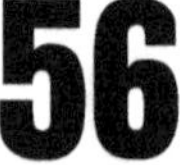
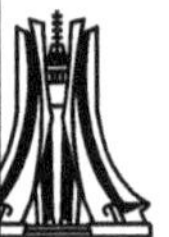

56

FÖR ATT LÄGGA TILL EN TOUCH AV LYX
ELLER GLANS TILL VISSA FRÅGOR KAN
POSTFÖRVALTNINGEN VÄLJA METALLBLÄCK.
DESSA BLÄCK, SOM INNEHÅLLER FINA
METALLISKA PARTIKLAR, GER FRIMÄRKENA
EN BLANK, REFLEKTERANDE GLANS.
OAVSETT OM DET ÄR FÖR ATT MARKERA ETT
SÄRSKILT PRESTIGEFYLLT EVENEMANG, FÖR
ATT HYLLA ETT SPECIELLT JUBILEUM ELLER
HELT ENKELT FÖR ATT LÄGGA TILL EN
KONSTNÄRLIG DIMENSION, UTMÄRKER SIG
DESSA METALLSTÄMPLAR FÖR SIN UNIKA
ESTETIK. DE ÄR OFTA EFTERTRAKTADE AV
SAMLARE, INTE BARA FÖR SIN SKÖNHET,
UTAN OCKSÅ FÖR KOMPLEXITETEN I DERAS
TRYCKPROCESS.

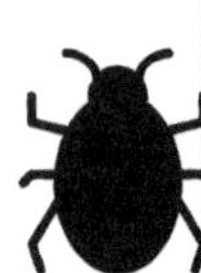
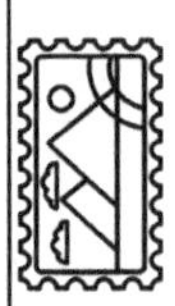
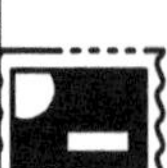
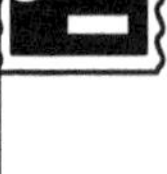
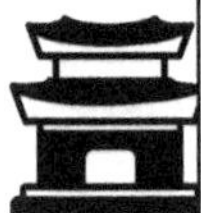
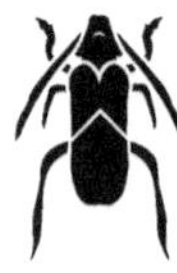
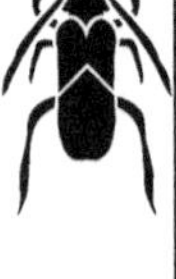

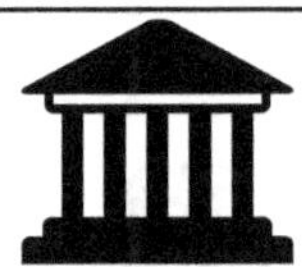
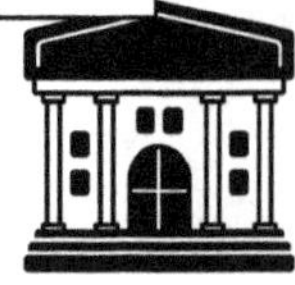

57

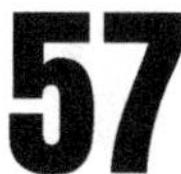
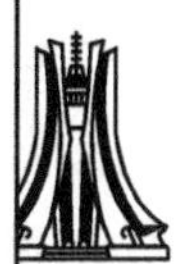

JUBILEUM OCH JUBILEUM, OAVSETT OM DE FIRAR NATIONELLA HÄNDELSER, HISTORISKA ÖGONBLICK ELLER MONARKISKA REGERINGAR, FIRAS OFTA GENOM FILATELISTISKA FRÅGOR. DESSA FRIMÄRKEN FUNGERAR SOM MINNESSAKER OCH FÅNGAR TILLFÄLLETS BETYDELSE OCH HÖGTIDLIGHET. TILL EXEMPEL KAN ETT GYLLENE JUBILEUM MARKERAS MED EN STÄMPEL SOM FÖRESTÄLLER EN MONARK PÅ SIN TRON, OMGIVEN AV GULD OCH SYMBOLER FÖR HANS REGERINGSTID. DESSA SPECIALERBJUDANDEN ÄR EN PÅMINNELSE OM MILSTOLPAR OCH BERÄTTELSER SOM FORMAR EN NATION ELLER INSTITUTION, OCH DE OMHULDAS OFTA AV SAMLARE FÖR DERAS BETYDELSE OCH HISTORISKA VÄRDE.

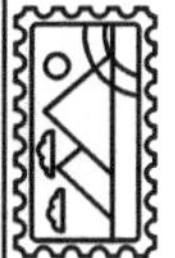
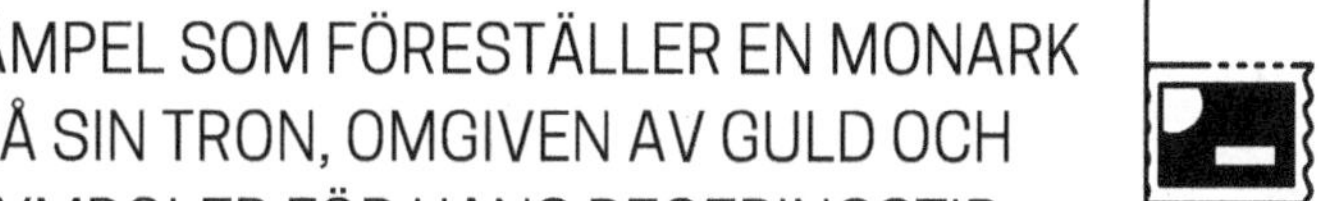
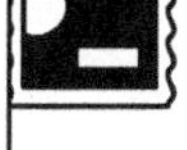
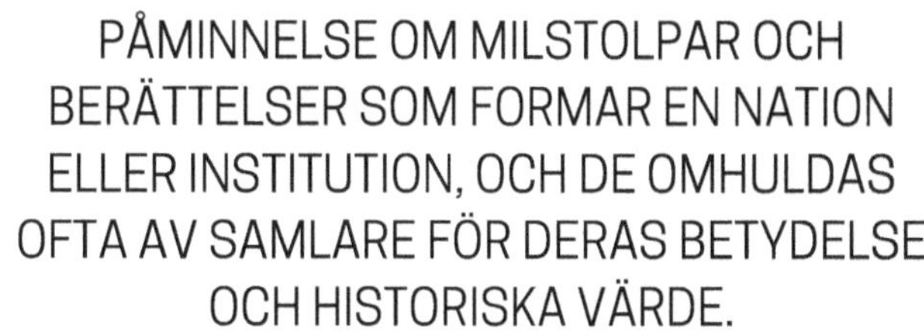
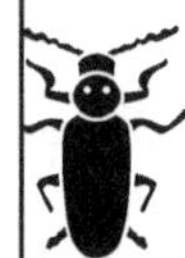

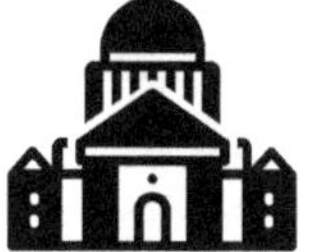

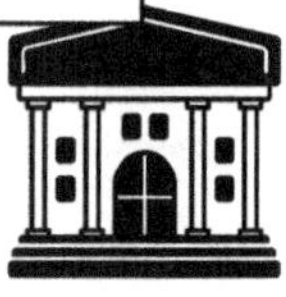

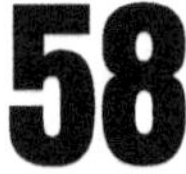
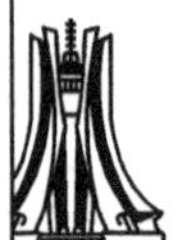

58

TEKNOLOGISKA INNOVATIONER HAR GJORT DET MÖJLIGT ATT INFÖRA INTERAKTIVA ELEMENT I UTFORMNINGEN AV FRIMÄRKEN. TERMOKROMISKA BLÄCK ÄR ETT FANTASTISKT EXEMPEL: DE ÄNDRAR FÄRG BEROENDE PÅ TEMPERATUR. EN STÄMPEL TRYCKT MED SÅDANT BLÄCK KAN AVSLÖJA EN ANNAN BILD ELLER MÖNSTER NÄR DEN VÄRMS UPP, TILL EXEMPEL GENOM ATT GNUGGA DEN MED ETT FINGER. DEN HÄR FUNKTIONEN LÄGGER TILL EN ROLIG OCH LÄRORIK DIMENSION TILL FRIMÄRKSSSAMLANDET, VILKET GÖR DET MÖJLIGT FÖR SAMLARE OCH ALLMÄNHETEN ATT AKTIVT ENGAGERA SIG I FRIMÄRKET PÅ ETT NYTT OCH SPÄNNANDE SÄTT.

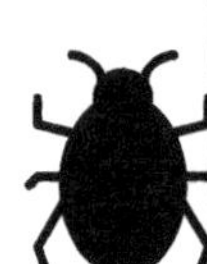
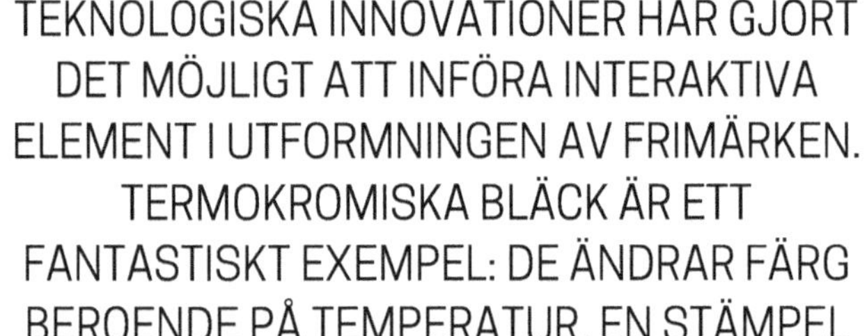
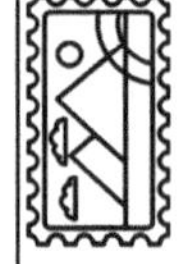
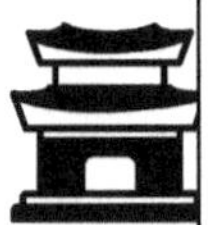
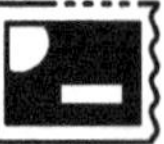
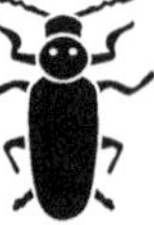
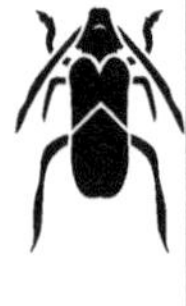

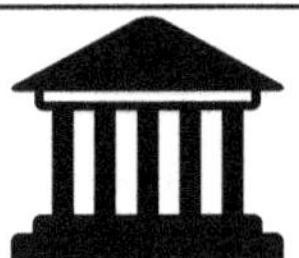
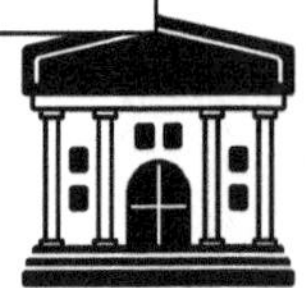

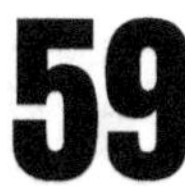

59

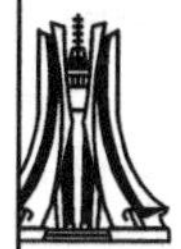

KONSTEN, OAVSETT OM DET ÄR MÅLERI, MUSIK, TEATER ELLER LITTERATUR, HAR ETT DJUPGÅENDE INFLYTANDE PÅ EN NATIONS KULTUR OCH IDENTITET. MÅNGA LÄNDER INSER VIKTEN AV DESSA BIDRAG OCH GER UT FRIMÄRKEN SOM HEDRAR KONSTNÄRER OCH DERAS VERK. DESSA FRIMÄRKEN KAN INNEHÅLLA REPRODUKTIONER AV KÄNDA MÅLNINGAR, PORTRÄTT AV KÄNDA FÖRFATTARE ELLER IKONISKA SYMBOLER FÖR OLIKA KONSTFORMER. DE TJÄNAR INTE BARA SOM ETT BEVIS PÅ KONSTNÄRLIG FÖRTRÄFFLIGHET, UTAN OCKSÅ SOM ETT SÄTT FÖR UTBILDNING OCH UPPSKATTNING FÖR KOMMANDE GENERATIONER.

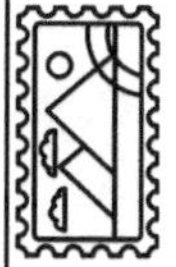
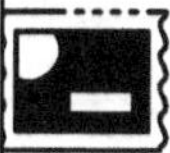
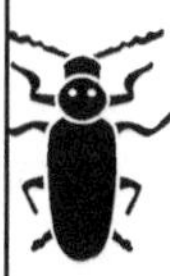
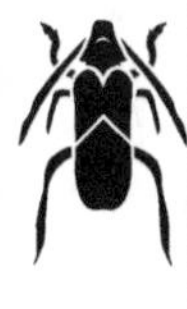
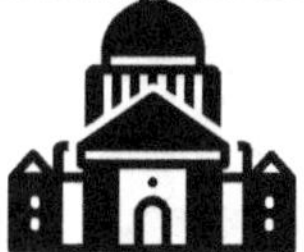
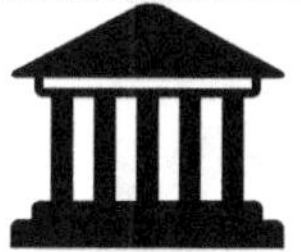
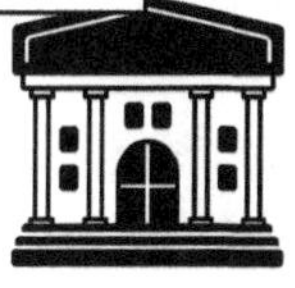

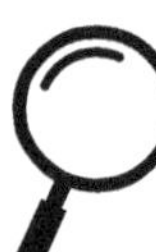

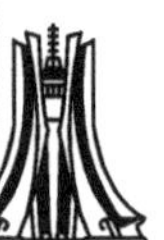
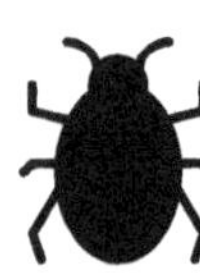

60

MEDAN DE FLESTA FRIMÄRKEN ÄR
DESIGNADE FÖR PORTO PÅ BREV OCH
VYKORT, FINNS DET ÄVEN FRIMÄRKEN
SPECIELLT FÖR PAKET. DESSA FRIMÄRKEN,
OFTA STÖRRE OCH MED HÖGRE NOMINELLA
VÄRDEN, ÄR UTFORMADE FÖR ATT TÄCKA
KOSTNADERNA FÖR FRAKT AV PAKET. DE
KAN ILLUSTRERA TEMAN RELATERADE TILL
TRANSPORT, LOGISTIK ELLER ANDRA
ELEMENT SOM ÄR RELEVANTA FÖR
PAKETLEVERANSVÄRLDEN. FÖR SAMLARE
ERBJUDER DESSA FRIMÄRKEN EN
ÖVERBLICK ÖVER POSTSYSTEMETS OLIKA
ASPEKTER OCH PÅMINNER OSS OM ATT
FILATELIN INTE BARA ÄR BEGRÄNSAD TILL
TRADITIONELL KORRESPONDENS.

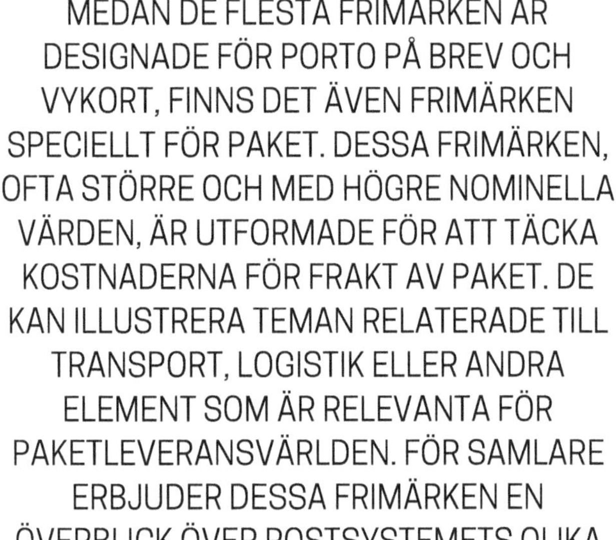
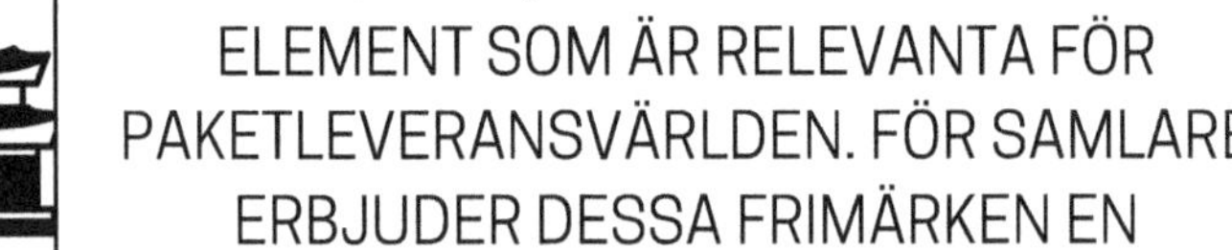
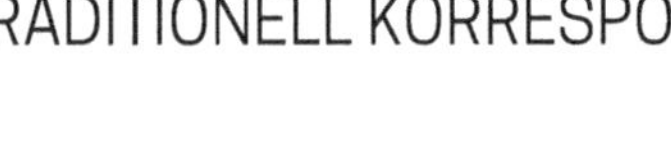
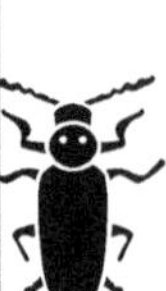
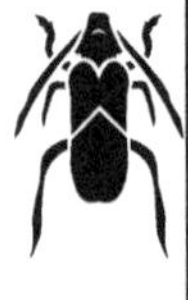

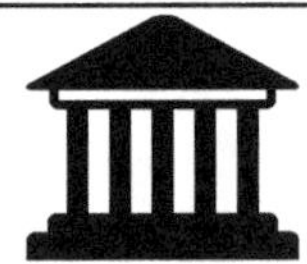
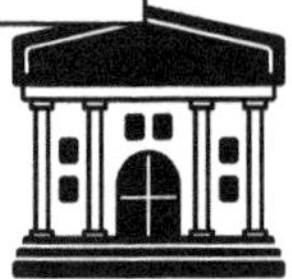

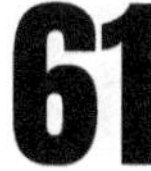
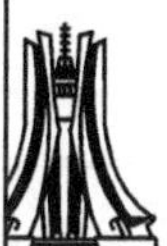
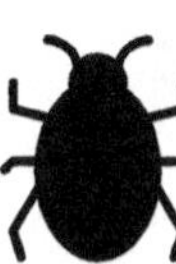
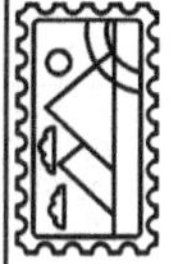

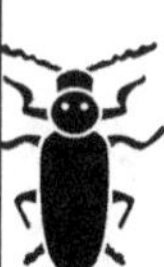
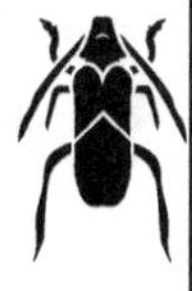

61

NÄR TEKNIKEN GÅR FRAMÅT OCH FÖRÄNDRAR VÅRA LIV ÄR DET NATURLIGT ATT FIRA DESSA FRAMSTEG GENOM FRIMÄRKSSAMLING. FRIMÄRKEN GAVS UT FÖR ATT MARKERA HÄNDELSER SOM UPPFINNINGEN AV FLYGPLANET, TILLKOMSTEN AV RYMDÅLDERN, ELLER TILL OCH MED REVOLUTIONER INOM OMRÅDENA KOMMUNIKATION OCH DATORANVÄNDNING. DESSA FRIMÄRKEN UPPMÄRKSAMMAR INTE BARA INNOVATIONER, UTAN FUNGERAR OCKSÅ SOM UTBILDNINGSVERKTYG OCH INTRODUCERAR ALLMÄNHETEN TILL KONCEPTEN OCH BERÄTTELSERNA BAKOM DESSA FRAMSTEG. DE VITTNAR OM HUR TEKNOLOGIN FORMAR VÅR HISTORIA OCH VÅR FRAMTID.

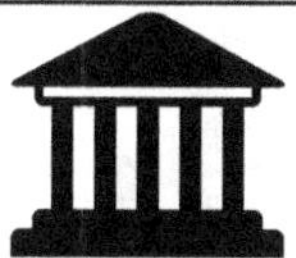
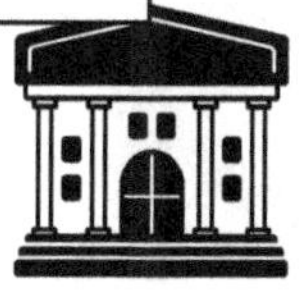

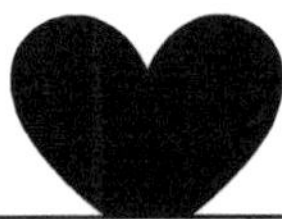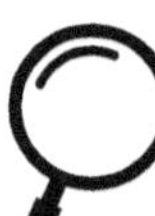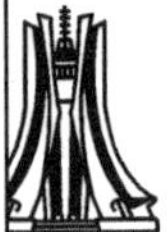

62

I EN STÄNDIG STRÄVAN EFTER INNOVATION OCH SÄKERHET HAR VISSA POSTFÖRVALTNINGAR ANTAGIT ANVÄNDNINGEN AV TRANSPARENTA BLÄCK FÖR SINA FRIMÄRKEN. DESSA BLÄCK, SOM BARA SYNS UNDER VISSA LJUS ELLER MED SPECIFIK UTRUSTNING, GER FRIMÄRKEN EN SÄKERHETSDIMENSION, VILKET GÖR DEM SVÅRARE ATT FÖRFALSKA. DESSUTOM KAN DE INTRODUCERA ETT ELEMENT AV ÖVERRASKNING ELLER INTERAKTION FÖR SAMLAREN ELLER ANVÄNDAREN, AVSLÖJA DOLDA DETALJER ELLER MÖNSTER SOM INTE ÄR UPPENBARA VID FÖRSTA ANBLICKEN. DESSA SPECIELLA BLÄCK ILLUSTRERAR KONVERGENSEN AV KONST, TEKNIK OCH SÄKERHET I FILATELINS VÄRLD.

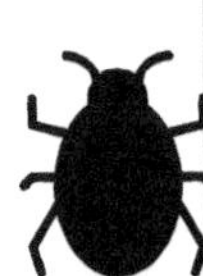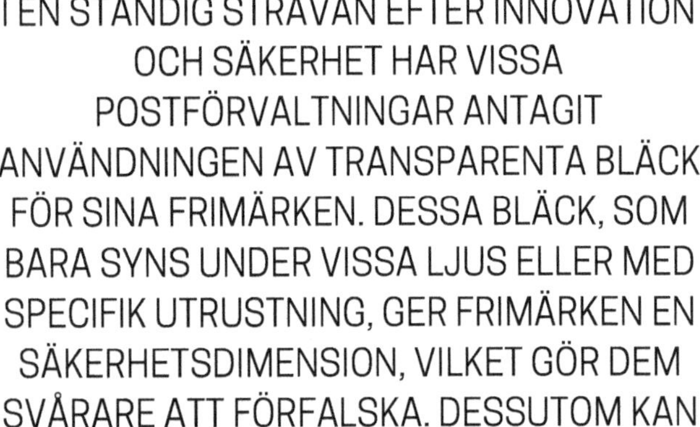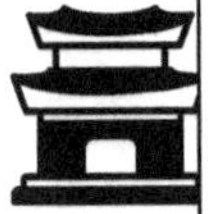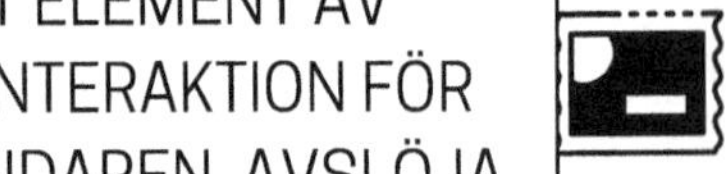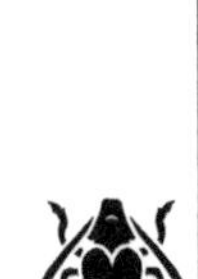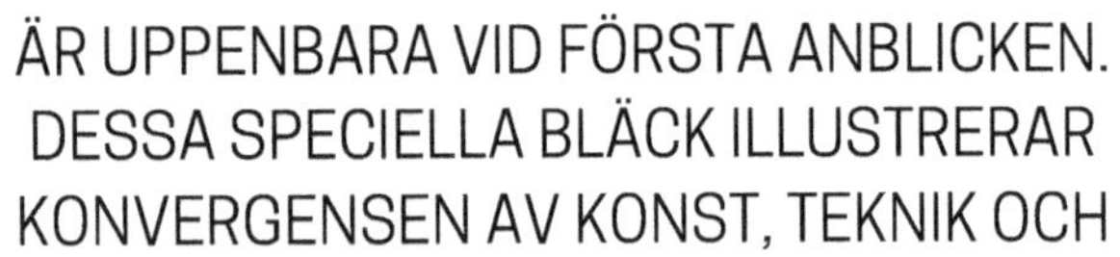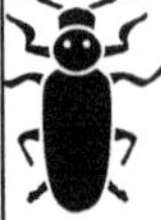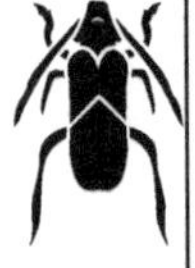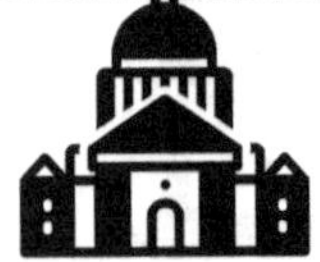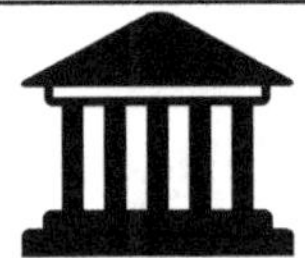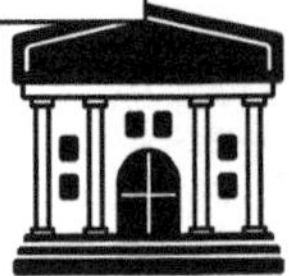

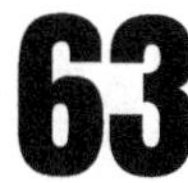
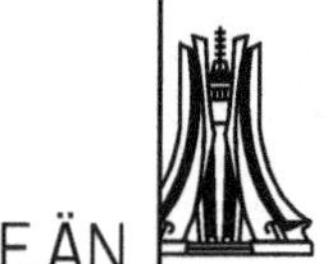

63

MILITÄRA KONFLIKTER, HUR TRAGISKA DE ÄN ÄR, ÄR AVGÖRANDE ÖGONBLICK I MÅNGA NATIONERS HISTORIA. FÖR ATT HEDRA UPPOFFRINGAR, FIRA SEGRAR ELLER REFLEKTERA ÖVER HISTORIENS LÄRDOMAR, GER MÅNGA LÄNDER UT FRIMÄRKEN SOM RÖR SPECIFIKA STRIDER ELLER KRIG. DESSA FRIMÄRKEN KAN INNEHÅLLA STRIDSSCENER, PORTRÄTT AV MILITÄRA HJÄLTAR ELLER SYMBOLER FÖR FRED OCH FÖRSONING. DE TJÄNAR SOM EN GRIPANDE PÅMINNELSE OM KOSTNADERNA FÖR KRIGET, DE UPPOFFRINGAR SOM GJORTS OCH VIKTEN AV FRED OCH ÖMSESIDIG FÖRSTÅELSE. FÖR SAMLARE GER DESSA FRIMÄRKEN ETT FÖNSTER TILL HÄNDELSERNA SOM FORMADE NATIONERNAS OCH VÄRLDENS ÖDE.

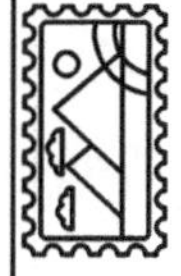
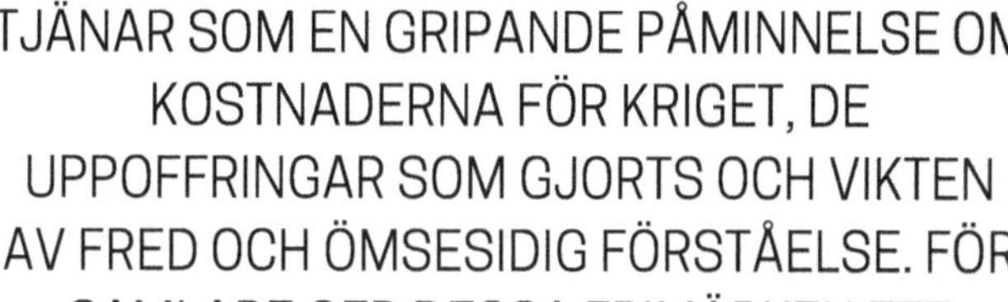
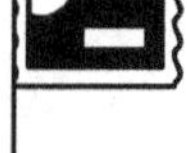
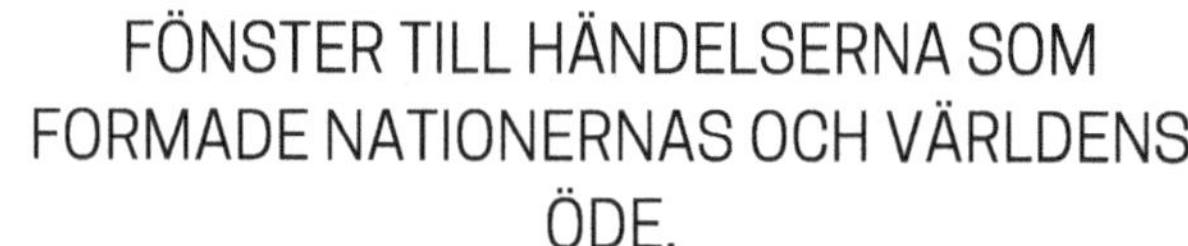
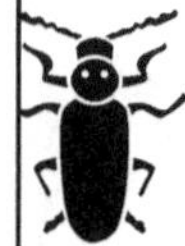
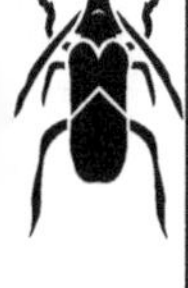

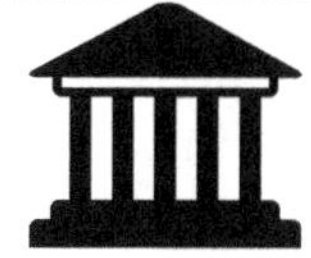
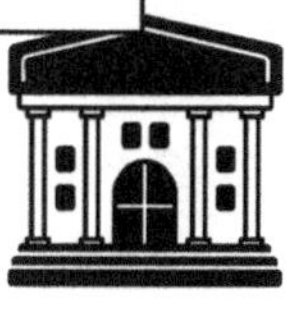

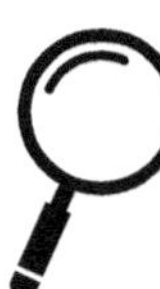
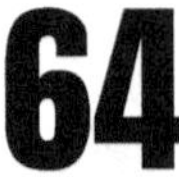
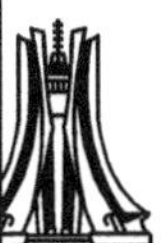

64

ANVÄNDNINGEN AV OPTISKT VARIABELT BLÄCK ÄR EN AV DE FASCINERANDE INNOVATIONERNA I FILATELINS VÄRLD. DESSA BLÄCK INNEHÅLLER PIGMENT SOM ÄNDRAR FÄRG BEROENDE PÅ VINKELN FRÅN VILKEN DE SES. RESULTATET ÄR EN DYNAMISK VISUELL EFFEKT DÄR KLANGFÄRGEN VERKAR ÄNDRA NYANS NÄR DEN LUTAS. FÖRUTOM DEN ESTETISKA ÖVERKLAGANDET, LÄGGER DESSA BLÄCK TILL ETT LAGER AV SÄKERHET, VILKET GÖR STÄMPLARNA MER MOTSTÅNDSKRAFTIGA MOT FÖRFALSKNING. FÖR SAMLARE ERBJUDER FRIMÄRKEN MED DESSA SPECIELLA BLÄCK EN UNIK VISUELL UPPLEVELSE, SOM KOMBINERAR KONST, VETENSKAP OCH TEKNIK.

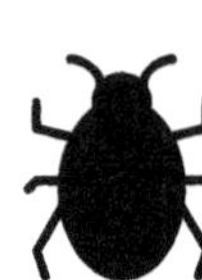
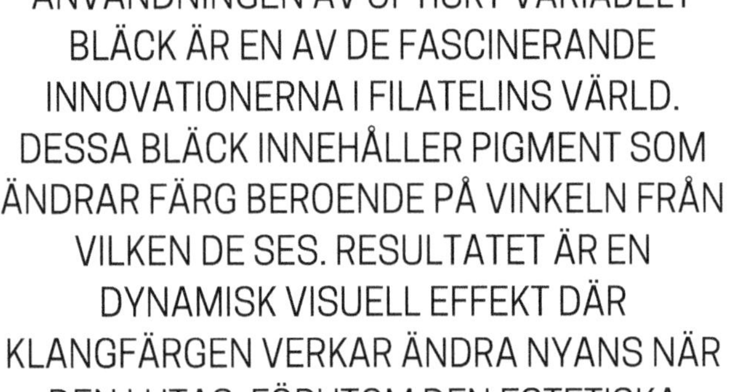
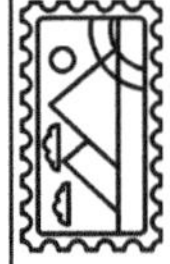
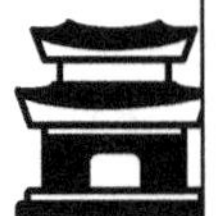
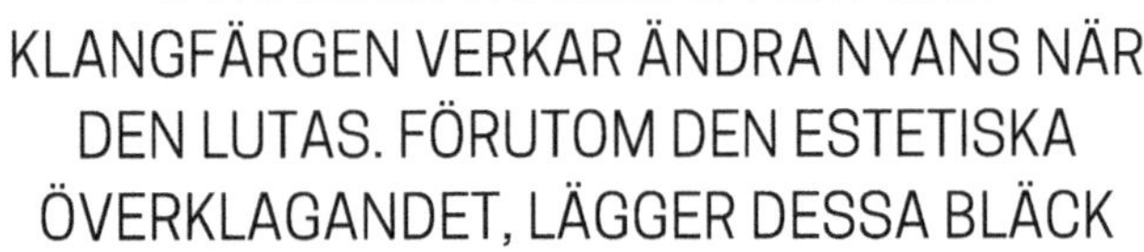
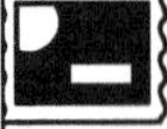
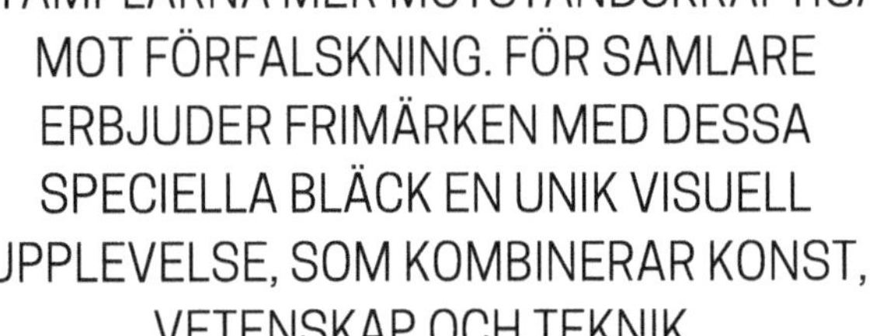
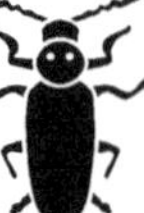
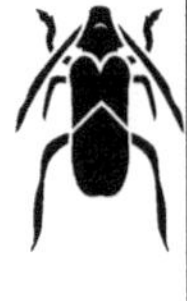

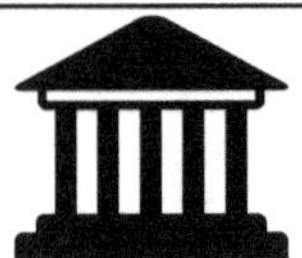
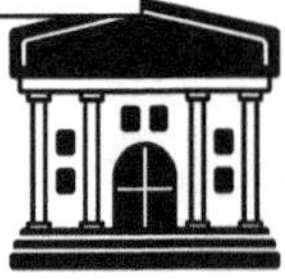

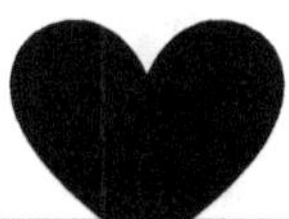

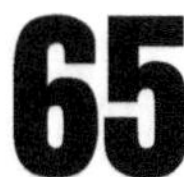
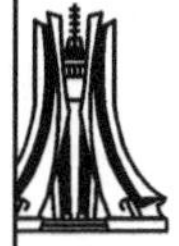

65

IKONISKA FIGURER SOM HAR PRÄGLAT HISTORIEN, OAVSETT OM DET ÄR POLITISKA LEDARE, VETENSKAPSMÄN, KONSTNÄRER ELLER AKTIVISTER, HITTAR OFTA SIN PLATS PÅ FRIMÄRKEN. DESSA SÄNDNINGAR TJÄNAR TILL ATT HEDRA DERAS BIDRAG, UTBILDA ALLMÄNHETEN OM DERAS ARV OCH INSPIRERA KOMMANDE GENERATIONER. FRÅN MARTIN LUTHER KING JR. TILL MARIE CURIE TILL NELSON MANDELA, DESSA FRIMÄRKEN MINNS LIVET, KAMPEN OCH PRESTATIONERNA FÖR DEM SOM FORMADE HISTORIENS GÅNG. DE ERBJUDER FILATELISTER EN SAMLING RIK PÅ HISTORIA, KULTUR OCH INSPIRATION.

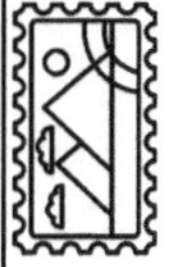
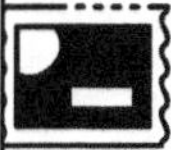
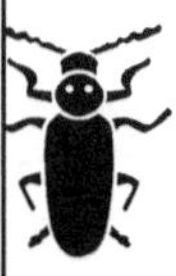
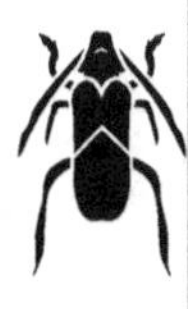

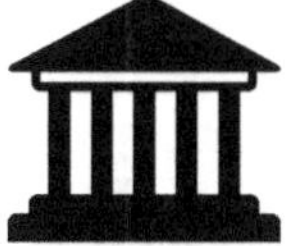
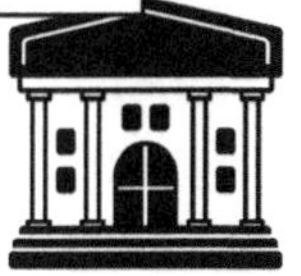

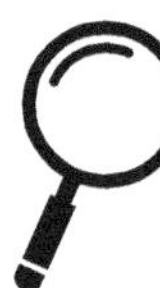

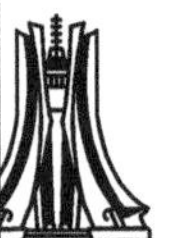

66

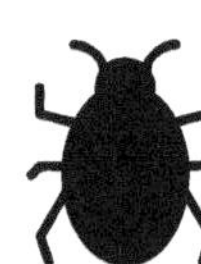

FÖR ATT LÄGGA TILL EN TOUCH AV MAGI TILL FILATELIN HAR VISSA POSTFÖRVALTNINGAR GETT UT FRIMÄRKEN TRYCKTA MED FOTOLUMINESCERANDE BLÄCK. DESSA BLÄCK ABSORBERAR LJUS OCH AVGER DET IGEN I MÖRKRET, VILKET FÅR STÄMPELN ATT GLÄNSA. OAVSETT OM DE ILLUSTRERAR TEMAN RELATERADE TILL RYMDEN, NATTLIGA ELLER NATTLIGA HÄNDELSER, GER DESSA FRIMÄRKEN EN UNIK VISUELL UPPLEVELSE NÄR DE SES I MÖRKRET. FÖR SAMLARE REPRESENTERAR DE EN SÄLLSYNT KOMBINATION AV KONST OCH VETENSKAP OCH ÄR OFTA PRISVÄRDA FÖREMÅL I EN SAMLING.

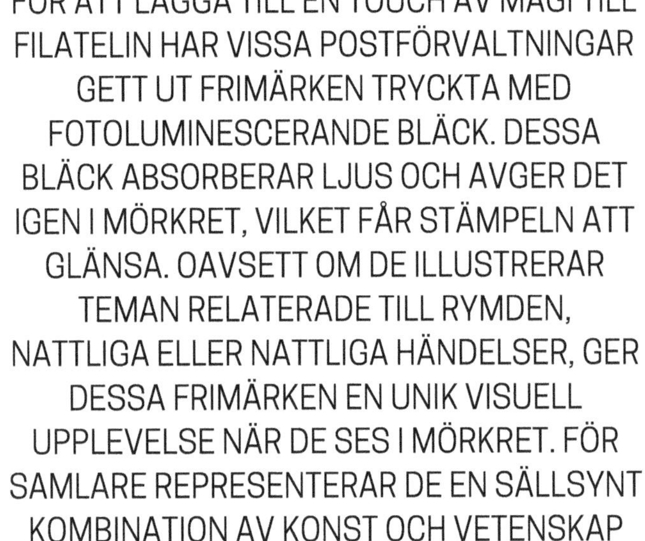
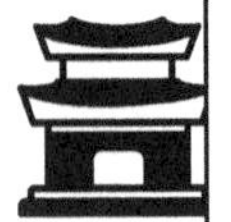
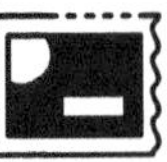
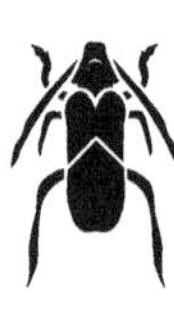
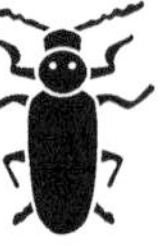
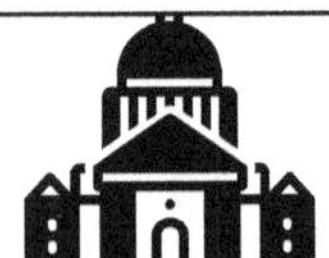
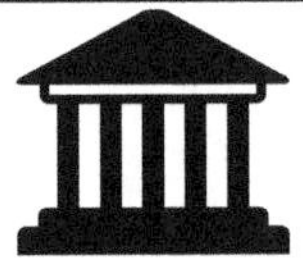
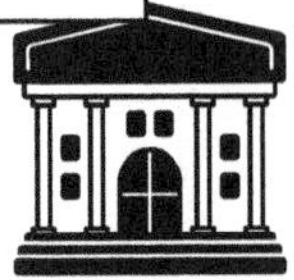

67

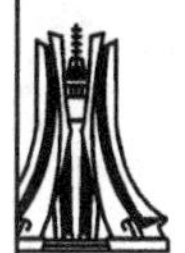

UTBILDNING, HÖRNSTENEN I SAMHÄLLETS UTVECKLING OCH FRAMSTEG, HYLLAS OFTA GENOM FRIMÄRKEN. OAVSETT OM DE FIRAR ÅRSDAGEN FÖR EN VÄLKÄND UTBILDNINGSINSTITUTION, FIRAR IKONISKA FIGURER INOM UTBILDNING ELLER MARKERAR UTBILDNINGSREFORMER OCH FRAMSTEG, DESSA FRIMÄRKEN FRAMHÄVER VIKTEN AV LÄRANDE OCH KUNSKAP. DE TJÄNAR TILL ATT INSPIRERA NUVARANDE OCH FRAMTIDA GENERATIONER, ATT FRÄMJA UTBILDARES BIDRAG OCH ATT MINNAS MILSTOLPAR INOM UTBILDNING. FÖR FILATELISTER ERBJUDER DESSA FRÅGOR ETT PERSPEKTIV PÅ EN NATIONS UTVECKLING OCH UTBILDNINGSPRIORITERINGAR.

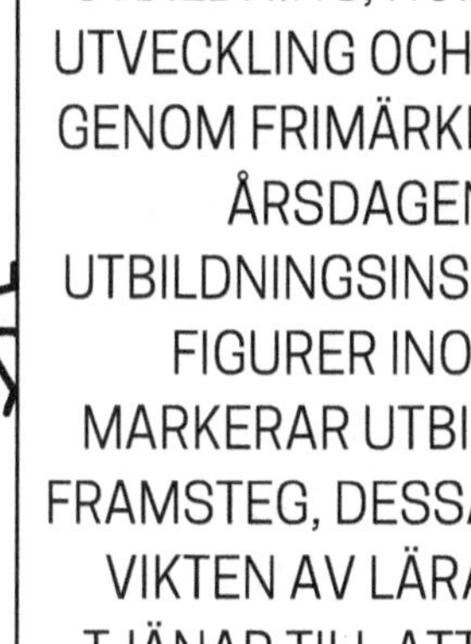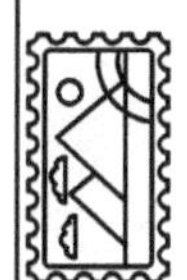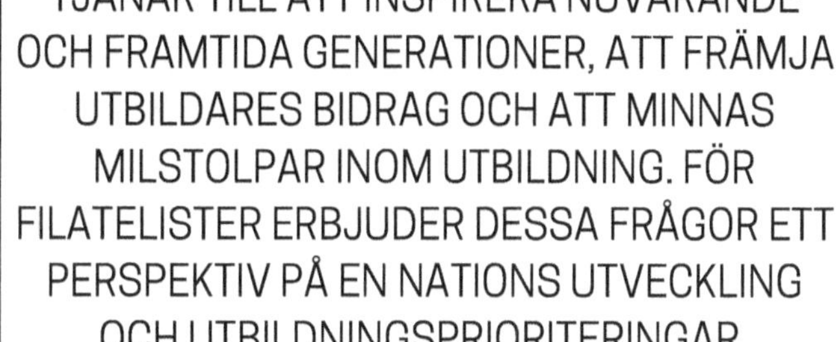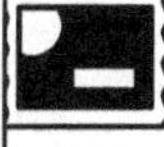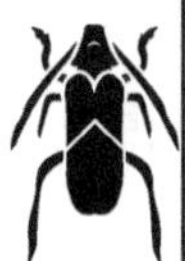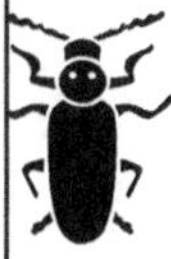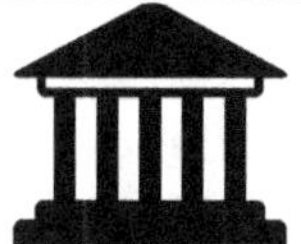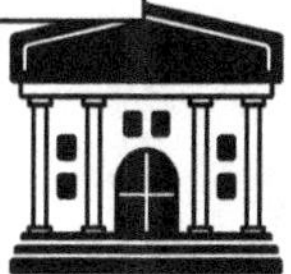

68

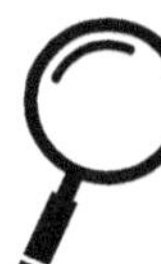  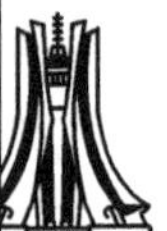

I EN FUSION AV VETENSKAP OCH KONST HAR VISSA POSTFÖRVALTNINGAR UTFORSKAT ANVÄNDNINGEN AV TERMO- ELLER PIEZOKROMA BLÄCK. DESSA SPECIELLA BLÄCK ÄNDRAR FÄRG BEROENDE PÅ TRYCK ELLER TEMPERATUR. TILL EXEMPEL KAN TRYCKNING ELLER GNUGGNING AV EN STÄMPEL GÖRA ATT BLÄCKET VISAR EN DOLD BILD ELLER MÖNSTER. FÖRUTOM DEN SPÄNNANDE VISUELLA EFFEKTEN GER DETTA OCKSÅ EN SÄKERHETSDIMENSION TILL STÄMPELN. SAMLARE UPPSKATTAR DESSA FRIMÄRKEN FÖR DERAS UNIKA KARAKTÄR OCH DEN INNOVATIVA TEKNIK SOM DE FÖRKROPPSLIGAR.

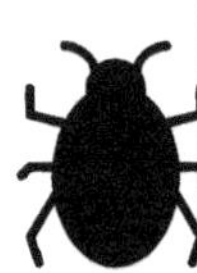 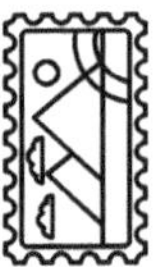

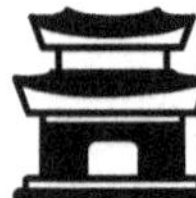 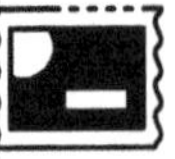

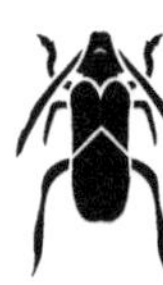 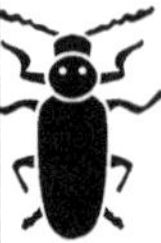 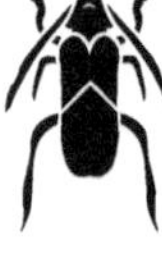

 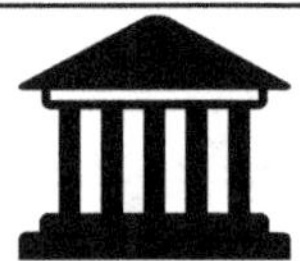 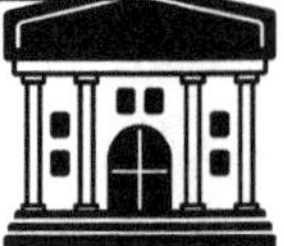

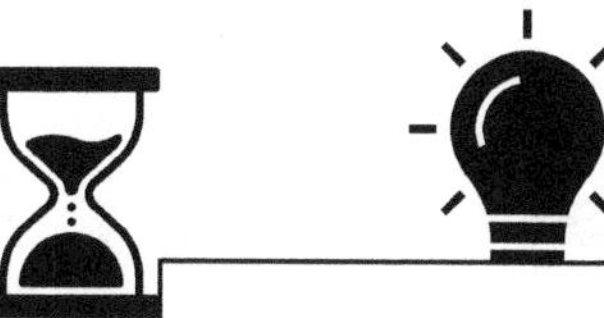

69

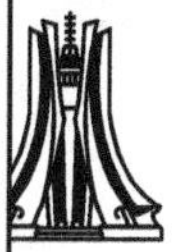

MEDICIN, MED SINA LIVRÄDDANDE UPPTÄCKTER OCH REVOLUTIONÄRA FRAMSTEG, FÖRTJÄNAR ATT FIRAS. MÅNGA LÄNDER HAR GETT UT FRIMÄRKEN FÖR ATT HEDRA MEDICINSKA GENOMBROTT, EMBLEMATISKA PERSONLIGHETER I DEN MEDICINSKA VÄRLDEN ELLER INSTITUTIONER DEDIKERADE TILL HÄLSA. OAVSETT OM MAN VILL MARKERA UPPTÄCKTEN AV ETT VACCIN, FIRA INNOVATIVA KIRURGER ELLER FIRA GRUNDANDET AV ETT FORSKNINGSINSTITUT, TJÄNAR DESSA FRIMÄRKEN SOM ETT VITTNESBÖRD OM MEDICINENS AVGÖRANDE BETYDELSE I SAMHÄLLET. FÖR FILATELISTER ERBJUDER DE ETT FÖNSTER OM MEDICINENS UTVECKLING OCH DE FÖRHOPPNINGAR DEN FÖRKROPPSLIGAR FÖR MÄNSKLIGHETEN.

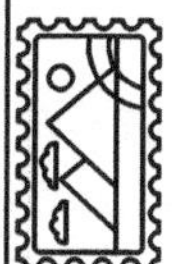
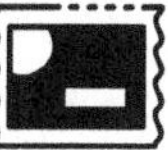
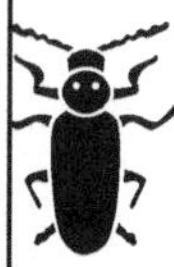
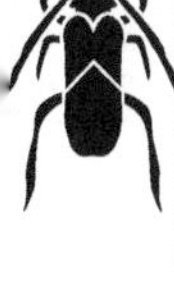
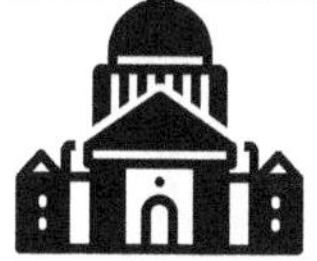
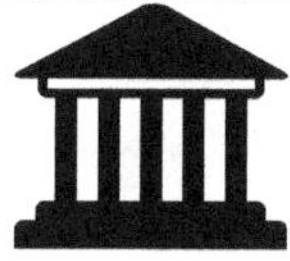
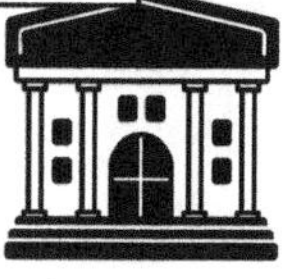

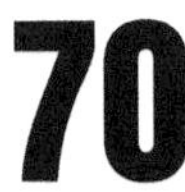
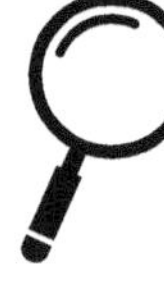

70

VYKORT, POPULÄRA FÖR SIN FÖRMÅGA ATT
FÅNGA ÖGONBLICK OCH PLATSER, KRÄVER
OFTA SPECIFIKA FRIMÄRKEN FÖR PORTO.
VISSA LÄNDER GER UT FRIMÄRKEN SOM ÄR
SÄRSKILT LÄMPADE FÖR DETTA ÄNDAMÅL,
BÅDE VAD GÄLLER STORLEK OCH NOMINELLT
VÄRDE. DESSA FRIMÄRKEN KAN INNEHÅLLA
ILLUSTRATIONER RELATERADE TILL RESOR,
TURISM ELLER LOKAL KULTUR, VILKET
BIDRAR TILL CHARMEN OCH
SAMMANHANGET FÖR SJÄLVA VYKORTET.
FÖR SAMLARE VÄCKER DESSA FRIMÄRKEN
OFTA MINNEN FRÅN RESOR, AVLÄGSNA
LANDSKAP OCH DEN TIDLÖSA GLÄDJEN ATT
FÅ ETT VYKORT FRÅN EN EXOTISK PLATS.

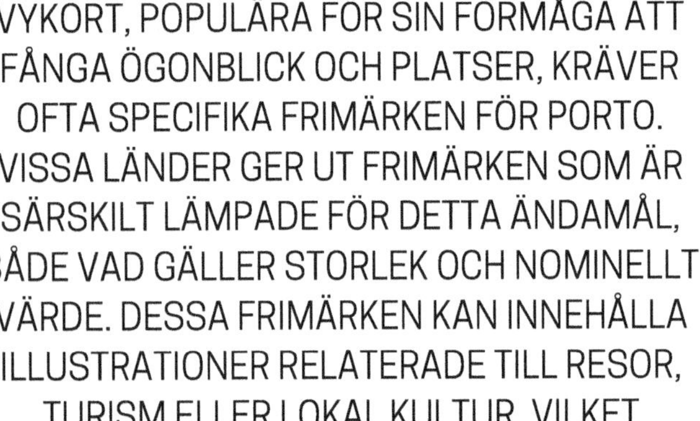
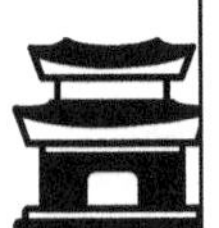
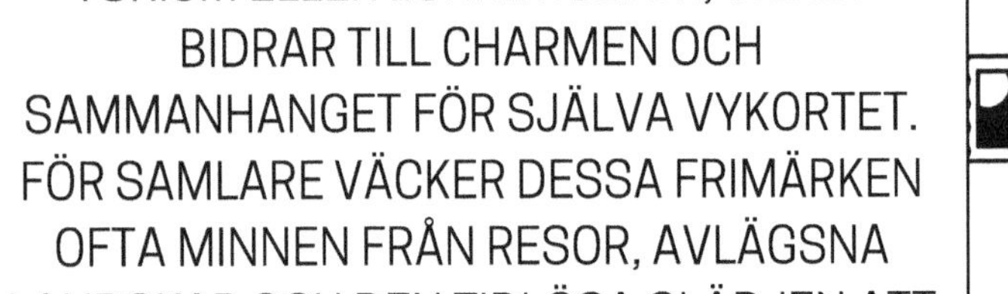
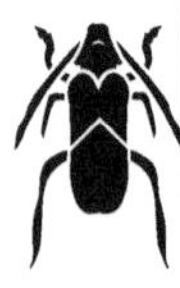
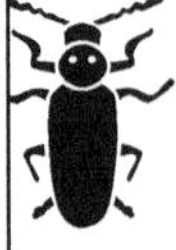
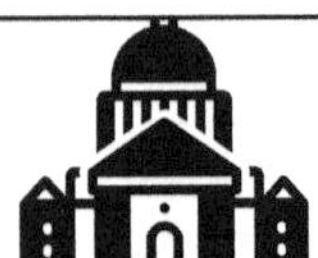
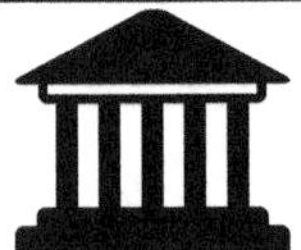
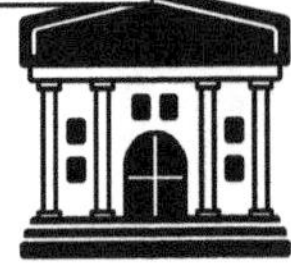

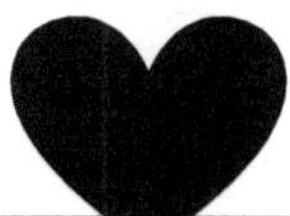

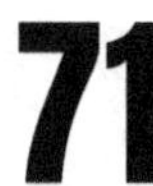
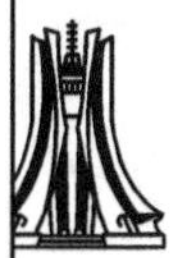
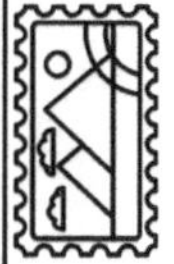
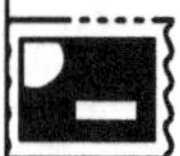
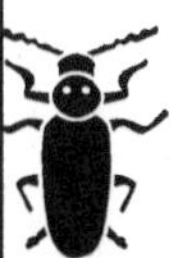
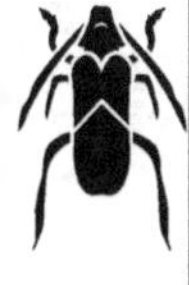

71

JORDBRUKET, GRUNDEN FÖR MÅNGA SAMHÄLLEN OCH EN KÄLLA TILL MAT OCH UPPEHÄLLE, MARKERAS OFTA PÅ FRIMÄRKEN. OAVSETT OM DE HYLLAR INNOVATIVA JORDBRUKSTEKNIKER, SPECIFIKA GRÖDOR ELLER INDIVIDER SOM HAR BIDRAGIT TILL JORDBRUKETS UTVECKLING, ERKÄNNER DESSA FRIMÄRKEN JORDBRUKETS AVGÖRANDE BETYDELSE. DE KAN ILLUSTRERA BUKOLISKA SCENER, JORDBRUKSMASKINER ELLER EMBLEMATISKA JORDBRUKSPRODUKTER. FÖR FILATELISTER GER DESSA FRIMÄRKEN INBLICK I JORDBRUKSTRADITIONER, INNOVATIONER OCH MÄNNISKANS INTIMA FÖRHÅLLANDE TILL LANDET.

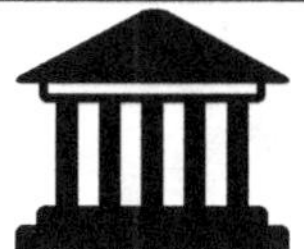
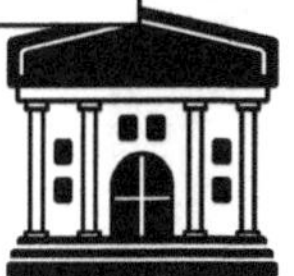

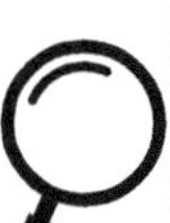
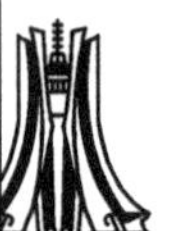

72

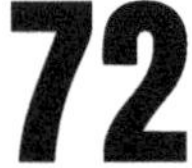

FUKTIGHET KAN PÅVERKA OLIKA MATERIAL, INKLUSIVE VISSA SPECIELLA BLÄCK SOM ANVÄNDS VID STÄMPELTRYCK. DESSA HYGROKROMA BLÄCK ÄNDRAR FÄRG ELLER BLIR GENOMSKINLIGA BEROENDE PÅ DEN OMGIVANDE LUFTFUKTIGHETEN. DETTA KAN ANVÄNDAS FÖR ESTETISKA, PEDAGOGISKA ELLER TILL OCH MED SÄKERHETSÄNDAMÅL. TILL EXEMPEL KAN EN STÄMPEL AVSLÖJA ETT DOLT MÖNSTER ELLER EN BILD NÄR DEN UTSÄTTS FÖR VISS LUFTFUKTIGHET. DESSA FÄNGSLANDE FRIMÄRKEN ERBJUDER SAMLARE EN UNIK UPPLEVELSE, SOM KOMBINERAR FILATELINS KONST MED MATERIALVETENSKAPENS UNDERVERK.

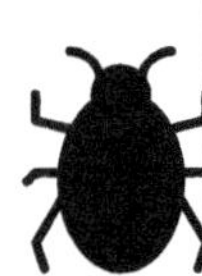
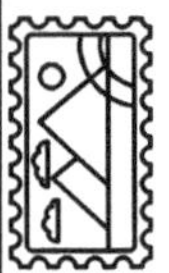
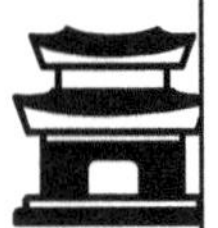
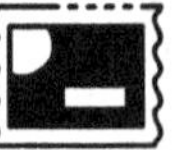
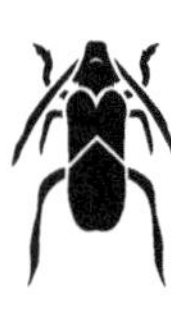
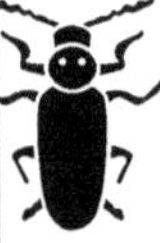

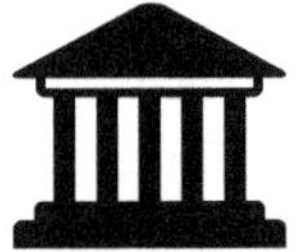
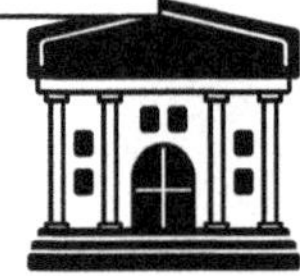

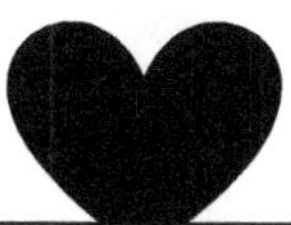

73

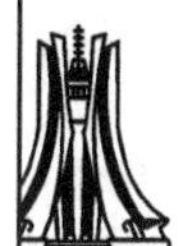

RÄTTSVÄSENDET, MED DESS LAGAR, PREJUDIKAT OCH HISTORISKA BESLUT, INTAR EN CENTRAL PLATS I EN NATIONS STYRNING OCH STABILITET. FÖR ATT FIRA VIKTIGA ÖGONBLICK ELLER SYMBOLISKA RÄTTVISEFIGURER GES OFTA FRIMÄRKEN UT. DE KAN REPRESENTERA DOMSTOLSBYGGNADER, KÄNDA DOMARE ELLER VIKTIGA HÄNDELSER RELATERADE TILL MÄNSKLIGA RÄTTIGHETER OCH RÄTTVISA. DESSA FRIMÄRKEN PÅMINNER OM DE GRUNDLÄGGANDE PRINCIPERNA OM RÄTTVISA, JÄMLIKHET OCH RÄTTVISA, OCH FUNGERAR SOM PÅTAGLIGA SYMBOLER FÖR EN NATIONS ENGAGEMANG FÖR RÄTTSSTATSPRINCIPEN.

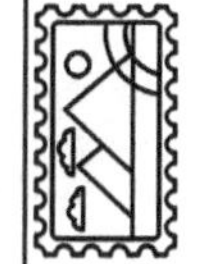
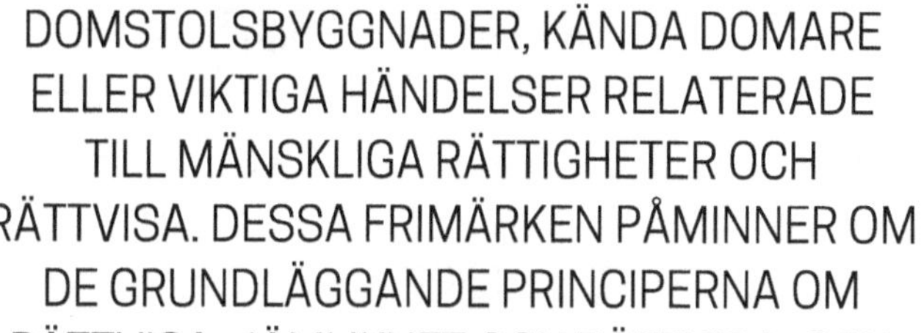
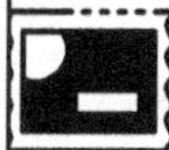
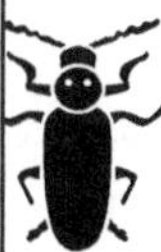
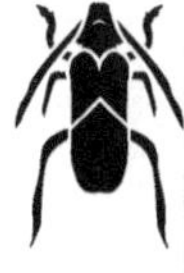
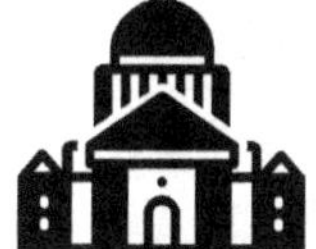
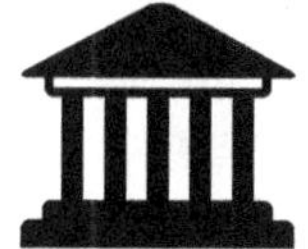
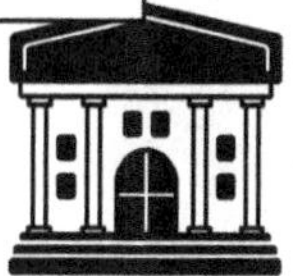

74

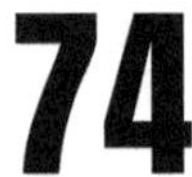
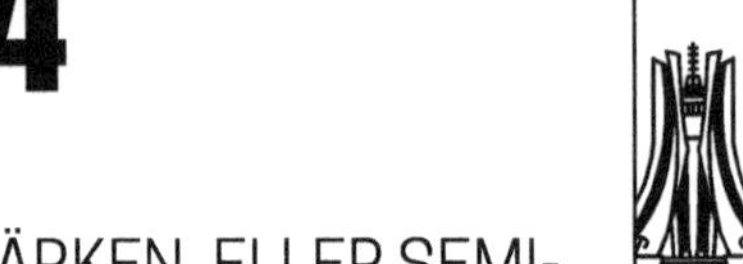
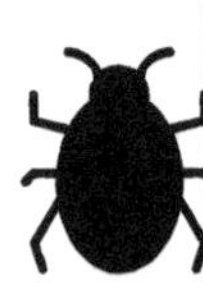

VÄLGÖRENHETSFRIMÄRKEN, ELLER SEMI-POSTFRIMÄRKEN, ÄR SPECIALNUMMER SOM SÄLJS TILL ETT PRIS SOM ÄR HÖGRE ÄN DERAS NOMINELLA VÄRDE. SKILLNADEN ÄR I ALLMÄNHET AVSEDD ATT STÖDJA ETT VÄLGÖRANDE ELLER HUMANITÄRT ÄNDAMÅL. OAVSETT OM DE HJÄLPER OFFER FÖR NATURKATASTROFER, STÖDJER MEDICINSKA PROJEKT ELLER FRÄMJAR UTBILDNINGSINITIATIV, TILLÅTER DESSA FRIMÄRKEN INDIVIDER ATT BIDRA TILL EN SAK SAMTIDIGT SOM DE KÖPER FRIMÄRKEN FÖR SINA POSTBEHOV. FÖR FILATELISTER REPRESENTERAR DESSA FRÅGOR INTE BARA SAMLARFÖREMÅL, UTAN OCKSÅ VITTNESBÖRD OM SOLIDARITET OCH MÄNSKLIG MEDKÄNSLA.

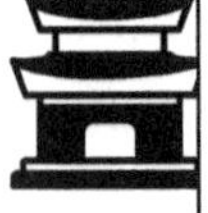
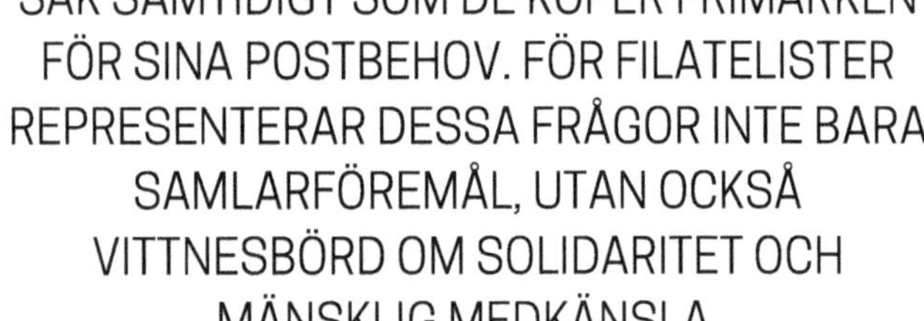
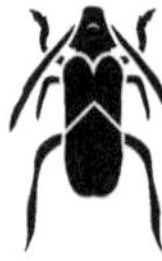
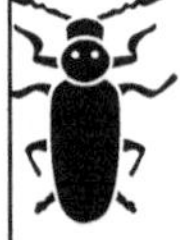
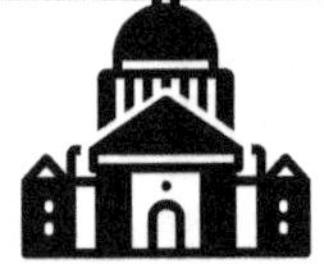
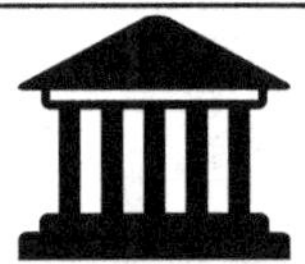
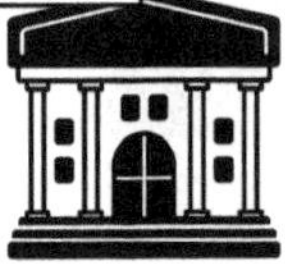

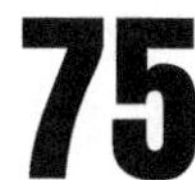
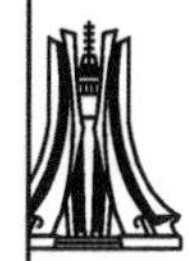

75

MUSIK, SJÄLENS UNIVERSELLA SPRÅK, HAR HYLLATS MÅNGA GÅNGER GENOM FILATELIN. FRIMÄRKEN KAN HEDRA LEGENDARISKA KOMPOSITÖRER, MUSIKINSTRUMENT, SPECIFIKA MUSIKGENRER ELLER STORA EVENEMANG SOM FESTIVALER. OAVSETT OM MAN FIRAR MOZARTS LIV, FIRAR JAZZ ELLER MINNS VIKTEN AV GLOBALA FESTIVALER, FÅNGAR DESSA FRIMÄRKEN MUSIKENS ESSENS OCH UTVECKLING GENOM TIDERNA. FÖR FRIMÄRKSSAMLARE ERBJUDER DE EN VISUELL SYMFONI SOM ÅTERSPEGLAR DE RYTMER, MELODIER OCH HARMONIER SOM FÖRENAR KULTURER OCH FOLK RUNT OM I VÄRLDEN.

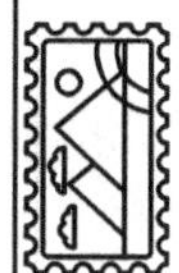

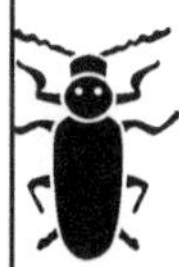
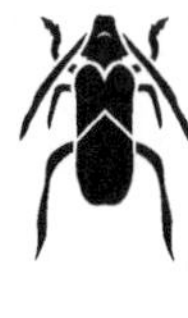

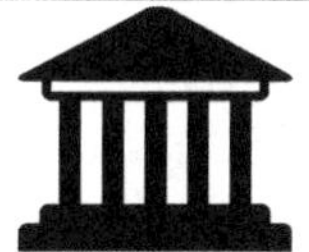
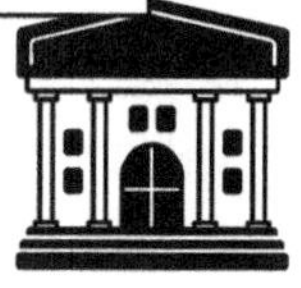

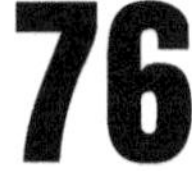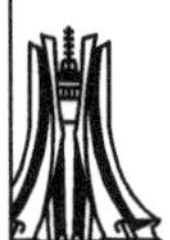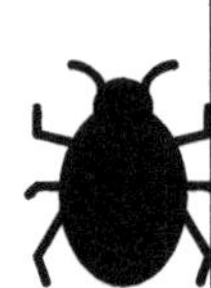

76

INNOVATION INOM BLÄCK HAR LETT TILL ANVÄNDNING AV FOTOKROMISKA BLÄCK PÅ VISSA FRIMÄRKEN. DESSA BLÄCK REAGERAR PÅ LJUS, SÄRSKILT ULTRAVIOLETTA STRÅLAR, GENOM ATT ÄNDRA FÄRG. I DIREKT SOLLJUS ELLER UV-LJUS KAN STÄMPELN AVSLÖJA MÖNSTER, BILDER ELLER FÄRGER SOM INTE ÄR SYNLIGA UNDER NORMALA LJUSFÖRHÅLLANDEN. DENNA FUNKTION, FÖRUTOM ATT LÄGGA TILL EN INTERAKTIV OCH ROLIG DIMENSION TILL FILATELIN, KAN OCKSÅ FUNGERA SOM EN SÄKERHETSÅTGÄRD FÖR ATT UNDVIKA FÖRFALSKNING. SAMLARE UPPSKATTAR DESSA FRIMÄRKEN FÖR DERAS AVANCERADE TEKNIK OCH ÖVERRASKNINGEN DE ERBJUDER.

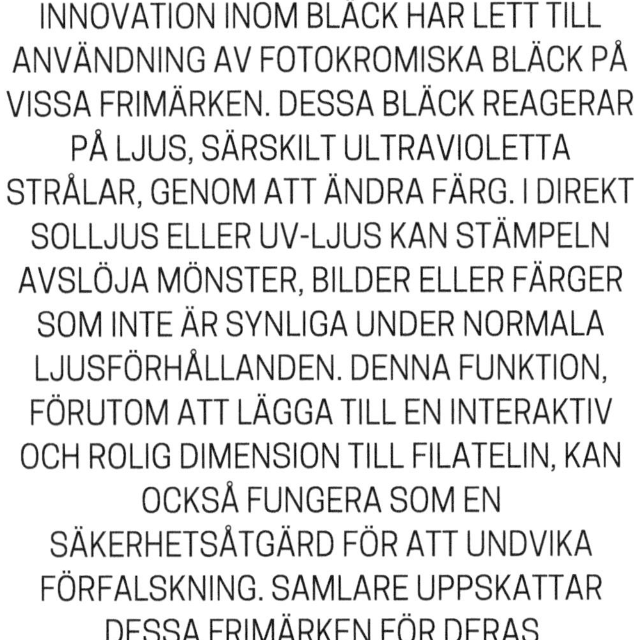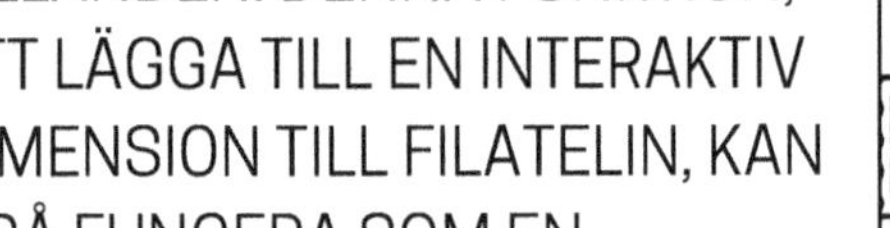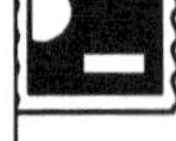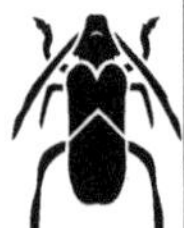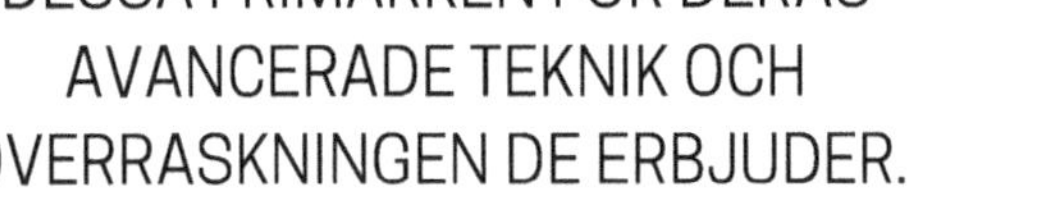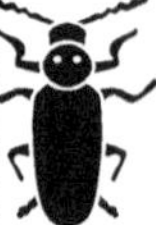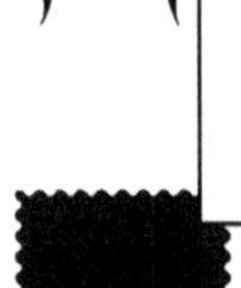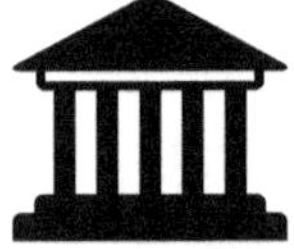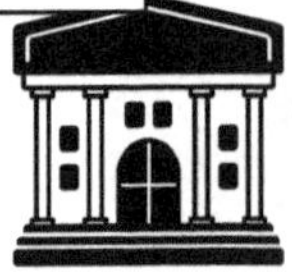

77

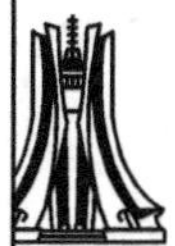

LITTERATUR, EN ÅTERSPEGLING AV EN NATIONS KULTUR, HISTORIA OCH SJÄL, FIRAS OFTA PÅ FRIMÄRKEN. DESSA SHOWER KAN FIRA IKONISKA FÖRFATTARE, STORA LITTERÄRA VERK ELLER VIKTIGA EVENEMANG SOM PRISUTSTÄLLNINGAR. ETT FRIMÄRKE KAN INNEHÅLLA ETT PORTRÄTT AV SHAKESPEARE, ILLUSTRATIONER INSPIRERADE AV HOMERS ODYSSÉEN ELLER IKONISKA SCENER FRÅN SAMTIDA ROMANER. DE FUNGERAR BÅDE SOM ETT ERKÄNNANDE AV LITTERÄRA BIDRAG OCH ETT PEDAGOGISKT VERKTYG, SOM INTRODUCERAR GENERATIONER AV LÄSARE FÖR STORA VERK OCH FÖRFATTARE.

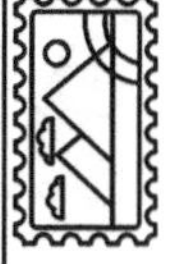

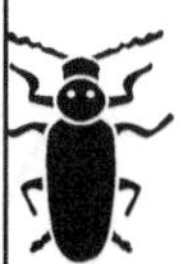
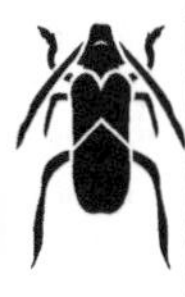

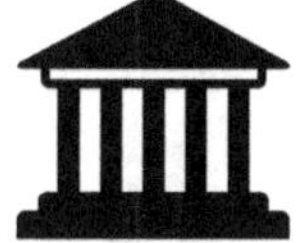
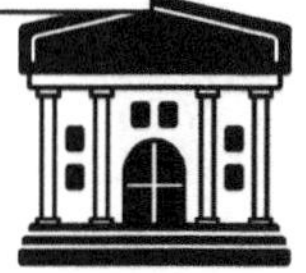

78

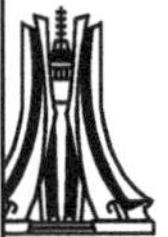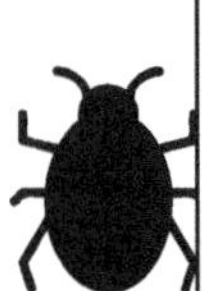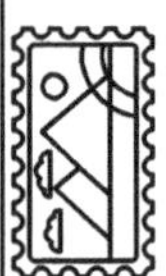

MEDAN DE FLESTA FRIMÄRKEN ÄR
DESIGNADE FÖR BREV ELLER VYKORT, FINNS
DET FRIMÄRKEN SPECIELLT UTFORMADE FÖR
PORTO PÅ STÖRRE PAKET. TYPISKT STÖRRE I
STORLEK OCH MED HÖGRE NOMINELLA
VÄRDEN FÖR ATT TÄCKA FRAKTKOSTNADER,
KAN DESSA FRIMÄRKEN ILLUSTRERA TEMAN
RELATERADE TILL HANDEL, TRANSPORT
ELLER LOGISTIK. FÖR FILATELISTER
ERBJUDER DESSA FRIMÄRKEN ETT ANNAT
PERSPEKTIV PÅ POSTVÄRLDEN, OCH VISAR
DET UTBUD AV TJÄNSTER SOM
POSTFÖRVALTNINGARNA ERBJUDER OCH
POSTENS BETYDELSE FÖR HANDEL OCH
PERSONLIGA UTBYTEN.

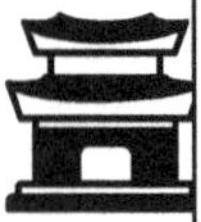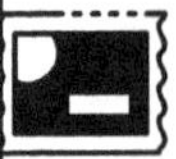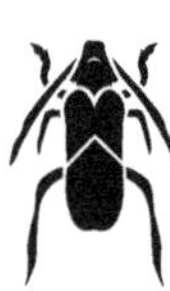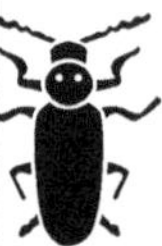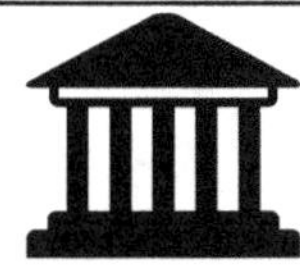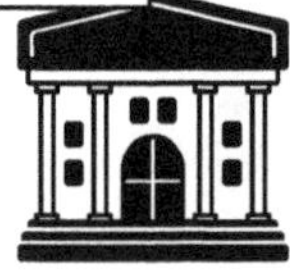

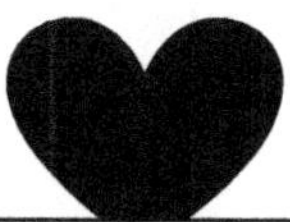

79

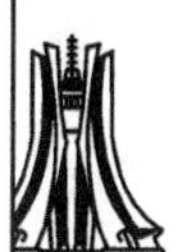

ARKITEKTUREN, EN BLANDNING AV KONST OCH VETENSKAP, FORMAR VÅRA STADSLANDSKAP OCH SPEGLAR SAMHÄLLETS KULTURELLA OCH TEKNISKA UTVECKLING. FRIMÄRKEN SOM HYLLAR DETTA OMRÅDE KAN INNEHÅLLA IKONISKA LANDMÄRKEN, BANBRYTANDE MODERNA BYGGNADER ELLER INFLYTELSERIKA ARKITEKTONISKA FIGURER. FRÅN EIFFELTORNET TILL FRANK LLOYD WRIGHTS MÄSTERVERK, DESSA FRIMÄRKEN FÅNGAR MAJESTÄT, UPPFINNINGSRIKEDOM OCH SKÖNHET I KONSTGJORDA STRUKTURER. FÖR FRIMÄRKSSAMLARE ERBJUDER DE EN VISUELL UTFORSKNING AV ARKITEKTONISKA STILAR GENOM TIDERNA OCH HISTORIEN OM DE SAMHÄLLEN DE REPRESENTERAR.

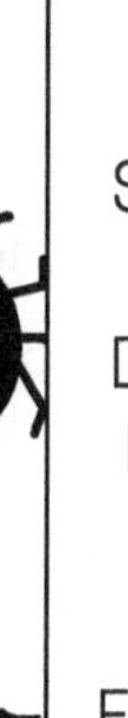
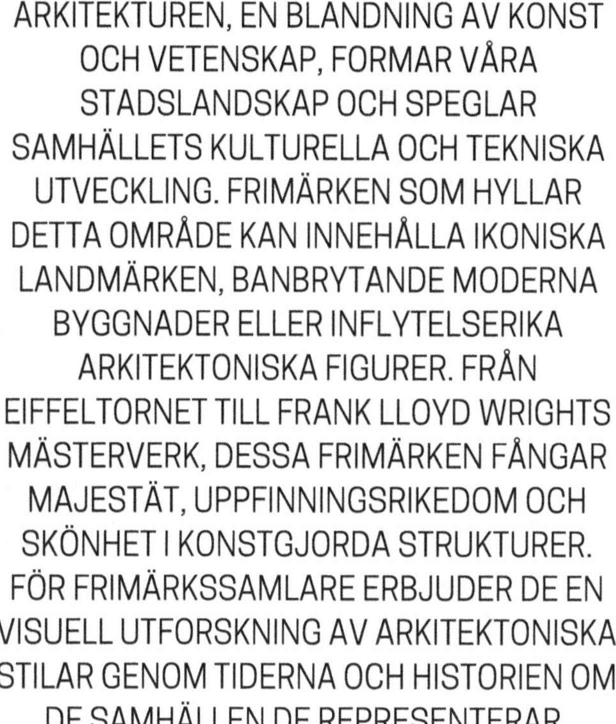
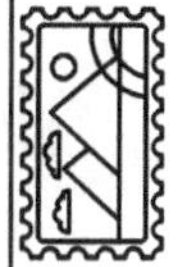
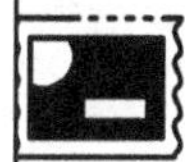
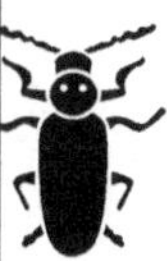
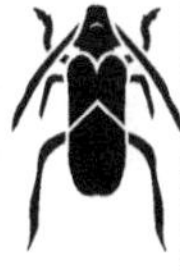

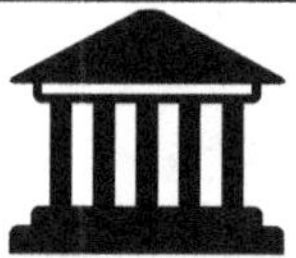
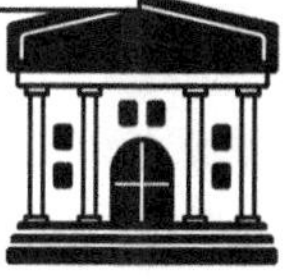

80

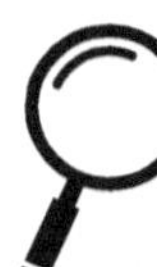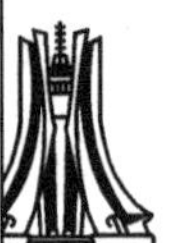

BLÄCKINNOVATION HAR LETT TILL
ANVÄNDNINGEN AV PH-KÄNSLIGA BLÄCK,
SOM REAGERAR PÅ FÖRÄNDRINGAR I
SURHETEN ELLER ALKALINITETEN I
OMGIVNINGEN. EN SÅDAN STÄMPEL KAN
ÄNDRA FÄRG NÄR DEN UTSÄTTS FÖR SURA
ELLER BASISKA ÄMNEN, VILKET GER EN
INTERAKTIV UPPLEVELSE FÖR ANVÄNDAREN.
DESSA BLÄCK, FÖRUTOM ATT GE ETT
ELEMENT AV ÖVERRASKNING OCH
UTBILDNING, KAN OCKSÅ ANVÄNDAS SOM
SÄKERHETSÅTGÄRDER FÖR ATT FÖRBÄTTRA
ÄKTHETEN HOS ETT FRIMÄRKE. SAMLARE ÄR
OFTA FASCINERADE AV DESSA FRIMÄRKEN,
SOM KOMBINERAR FILATELINS SKÖNHET
MED KEMISK VETENSKAP.

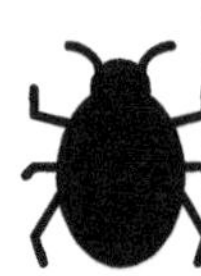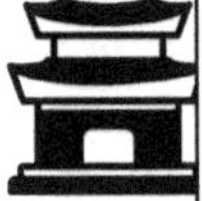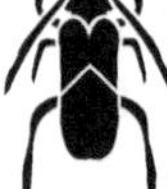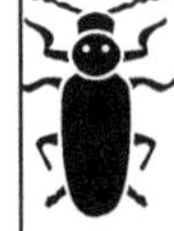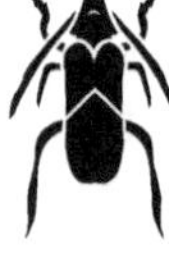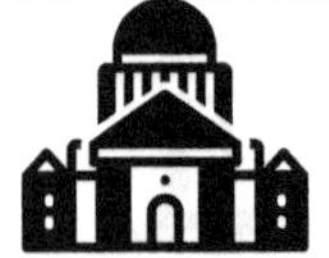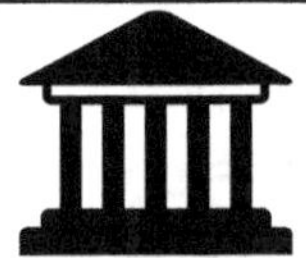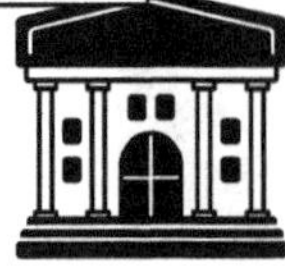

81

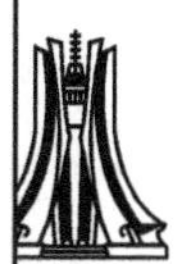

BIO, OFTA KALLAD DEN SJUNDE KONSTEN, HAR ETT DJUPGÅENDE INFLYTANDE PÅ DEN GLOBALA KULTUREN OCH FÄNGSLAR PUBLIKEN MED IMPONERANDE BERÄTTELSER, KARAKTÄRER OCH BILDER. FRIMÄRKEN SOM HYLLAR BIO KAN INNEHÅLLA IKONER FRÅN DUKEN, IKONISKA FILMAFFISCHER ELLER FILMISKA MILSTOLPAR. OAVSETT OM MAN HYLLAR CHARLIE CHAPLIN, FIRAR EN OSCAR-VINNANDE FILM ELLER FIRAR EN FILMFESTIVAL, FÅNGAR DESSA FRIMÄRKEN FILMENS MAGI OCH INFLYTANDE. FÖR FRIMÄRKSSAMLARE OCH FILMFANTASTER FUNGERAR DE SOM EN PÅTAGLIG PÅMINNELSE OM DE MINNESVÄRDA ÖGONBLICKEN OCH BIDRAGEN FRÅN DEN FILMISKA VÄRLDEN.

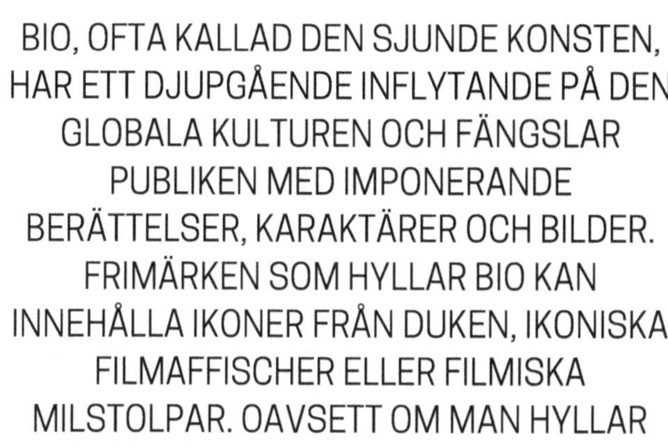
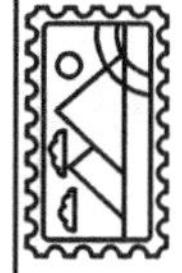
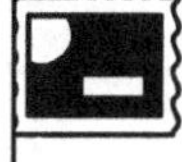
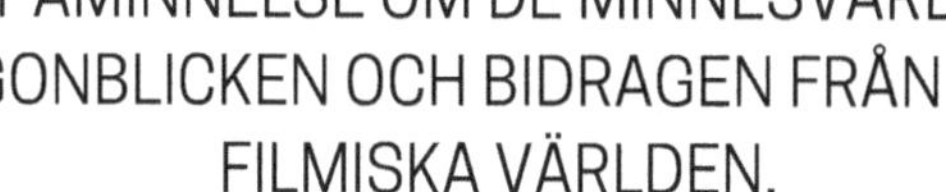
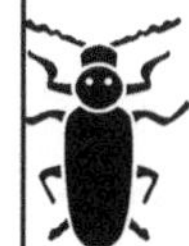
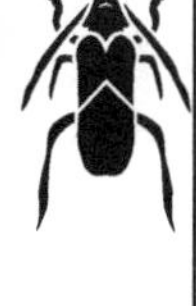

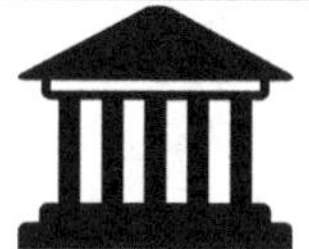
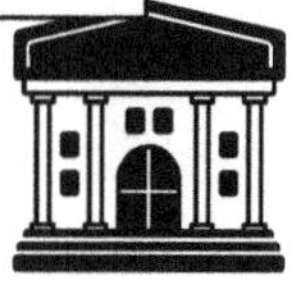

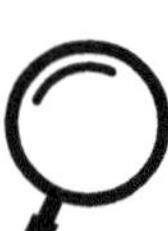
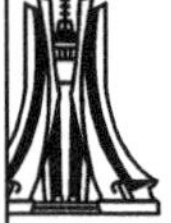

82

JUBILEUMSFRIMÄRKEN, TILL SKILLNAD FRÅN VANLIGA FRIMÄRKEN, GES UT FÖR ATT MARKERA EN SPECIFIK HÄNDELSE, PERSONLIGHET ELLER PRESTATION, OFTA UNDER EN BEGRÄNSAD PERIOD. DE KAN FIRA FÖDELSEDAGAR, HISTORISKA HÄNDELSER ELLER IKONISKA NATIONELLA FIGURER. ÄVEN OM DESSA FRIMÄRKEN ÄR GILTIGA FÖR PORTO, LIGGER DERAS VERKLIGA VÄRDE OFTA I DERAS SYMBOLISKA BETYDELSE OCH TILLTAL TILL SAMLARE. DESSA NUMMER ERBJUDER FILATELISTER ETT FÖNSTER TILL VIKTIGA ÖGONBLICK I HISTORIEN OCH KULTUREN, OCH BERIKAR DERAS SAMLINGAR MED PÅTAGLIGA FRAGMENT AV DÅTID OCH NUTID.

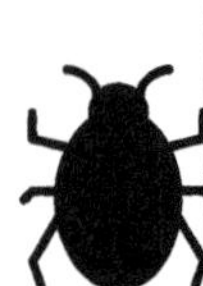

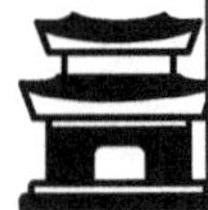
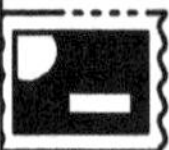
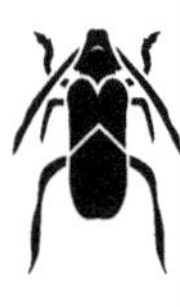
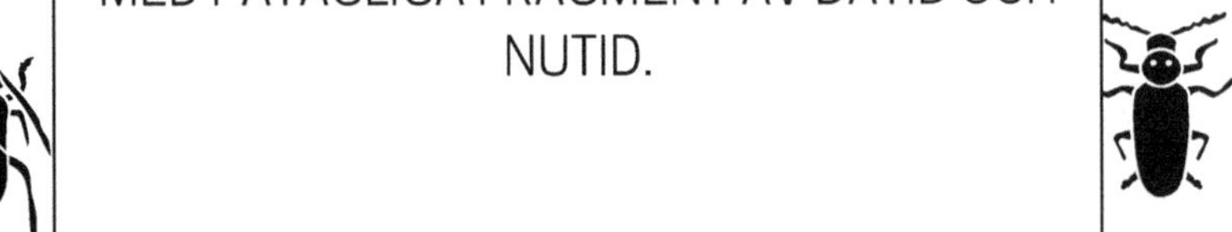

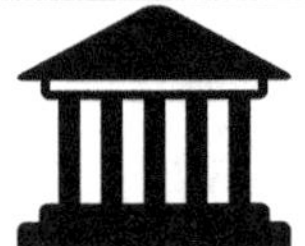
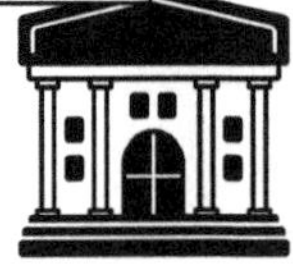

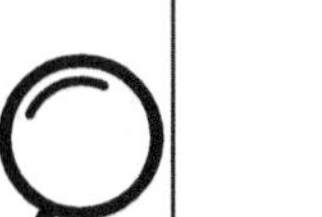

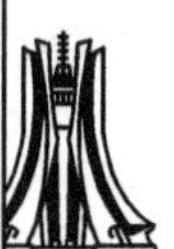

83

DANS, ETT KONSTNÄRLIGT UTTRYCK FÖR RÖRELSE OCH KÄNSLOR, HYLLAS I MÅNGA KULTURER RUNT OM I VÄRLDEN. FRIMÄRKEN DEDIKERADE TILL DANS KAN INNEHÅLLA DANSARE I ACTION, TRADITIONELLA KOSTYMER ELLER IKONISKA SCENER. OAVSETT OM DET ÄR KLASSISK BALETT, FOLKDANS ELLER MODERNA FORMER, FÅNGAR DESSA FRIMÄRKEN ELEGANSEN, PASSIONEN OCH DISCIPLINEN I DENNA KONST. FÖR FRIMÄRKSSAMLARE ERBJUDER DE EN VISUELL FÖRDJUPNING I DANSENS TRADITIONER OCH INNOVATIONER, VILKET ÅTERSPEGLAR DE RYTMER OCH RÖRELSER SOM ÖVERSKRIDER KULTURELLA GRÄNSER.

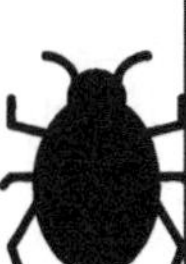

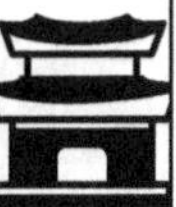
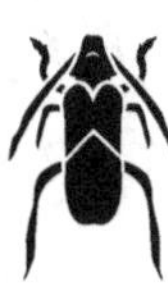
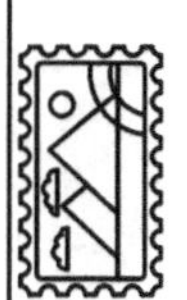
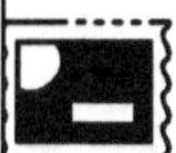
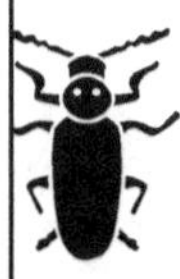

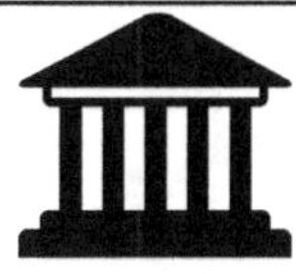
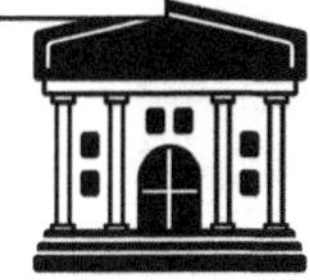

84

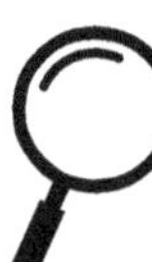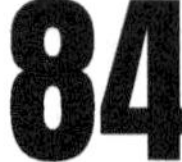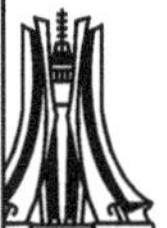

ANVÄNDNINGEN AV TERMOKROMA BLÄCK ÄR EN FASCINERANDE INNOVATION INOM FILATELIN. DESSA SPECIELLA BLÄCK ÄNDRAR FÄRG SOM SVAR PÅ TEMPERATURVARIATIONER, VILKET GER EN INTERAKTIV DIMENSION TILL STÄMPELN. TILL EXEMPEL, GENOM ATT LÄTT VÄRMA STÄMPELN MED FRIKTIONEN AV ETT FINGER, KAN EN DOLD BILD ELLER FÄRG AVSLÖJAS. FÖRUTOM ATT VARA ESTETISKT TILLTALANDE KAN DESSA BLÄCK OCKSÅ FUNGERA SOM SÄKERHETSÅTGÄRDER FÖR ATT AUTENTISERA STÄMPLAR. FILATELISTER TYCKER OFTA ATT DESSA FRIMÄRKEN ÄR SPÄNNANDE, EFTERSOM DE KOMBINERAR KONSTEN ATT SAMLA FRIMÄRKEN MED AVANCERAD TRYCKTEKNIK.

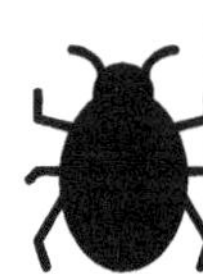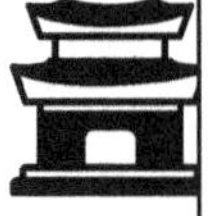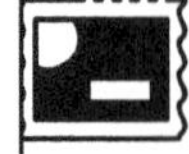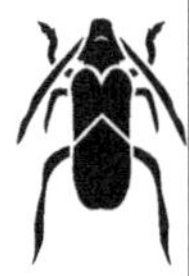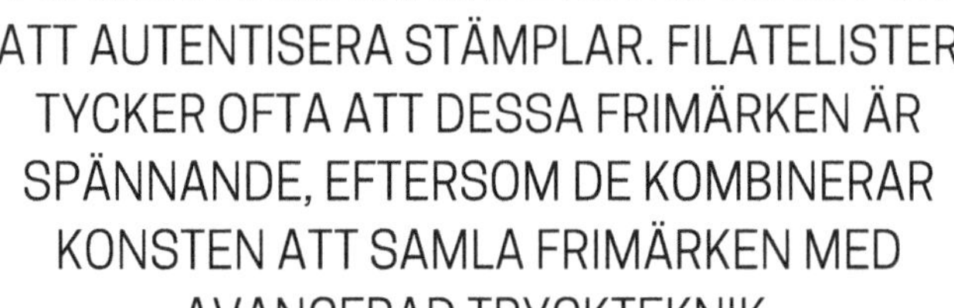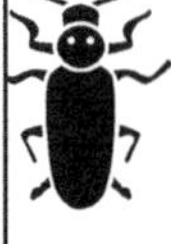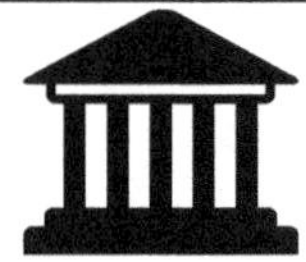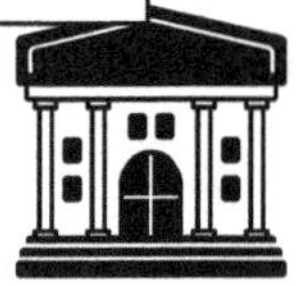

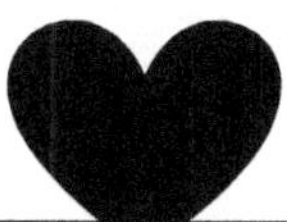

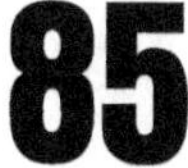
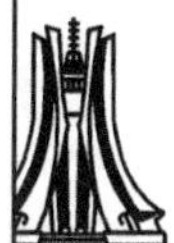
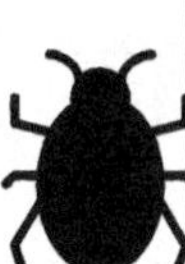
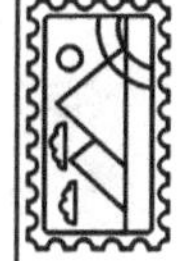
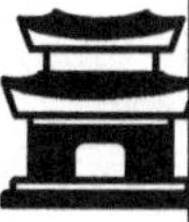

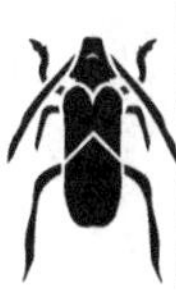
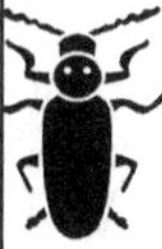
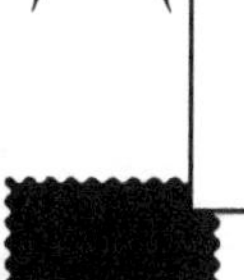

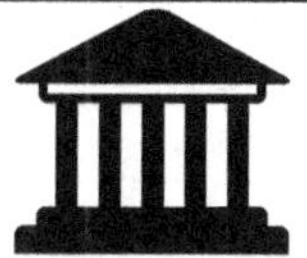
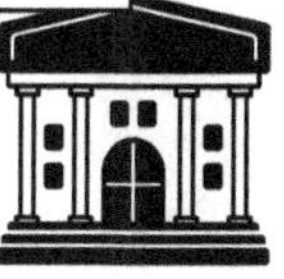

85

RADIO, SEDAN DEN UPPFANNS, HAR VARIT ETT AVGÖRANDE MEDEL FÖR KOMMUNIKATION, UTBILDNING OCH UNDERHÅLLNING. FRIMÄRKEN DEDIKERADE TILL RADIO KAN FIRA DESS UPPFINNARE, HISTORISKA SÄNDNINGAR ELLER VIKTIGA ÖGONBLICK I SÄNDNINGEN. PORTRÄTT AV FIGURER SOM GUGLIELMO MARCONI, ILLUSTRATIONER AV GAMLA RADIOAPPARATER ELLER SCENER FRÅN SÄNDNINGSSTUDIOR KAN VISAS. DESSA FRIMÄRKEN FUNGERAR SOM ETT BEVIS PÅ RADIONS INVERKAN PÅ SAMHÄLLET, FÖRBINDER MÄNNISKOR FRÅN ALLA SAMHÄLLSSKIKT OCH SPRIDER INFORMATION I EN ALDRIG TIDIGARE SKÅDAD OMFATTNING.

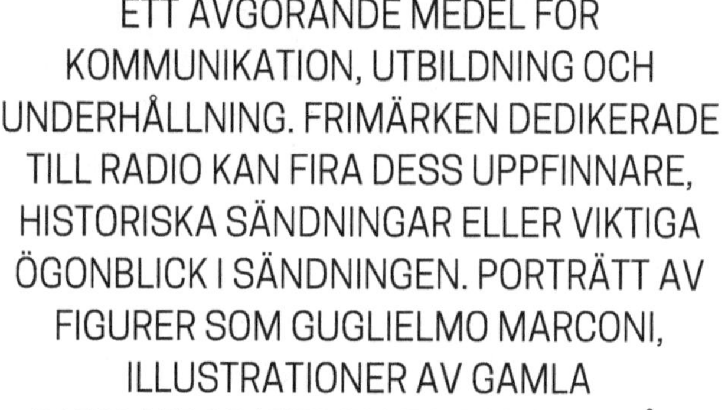
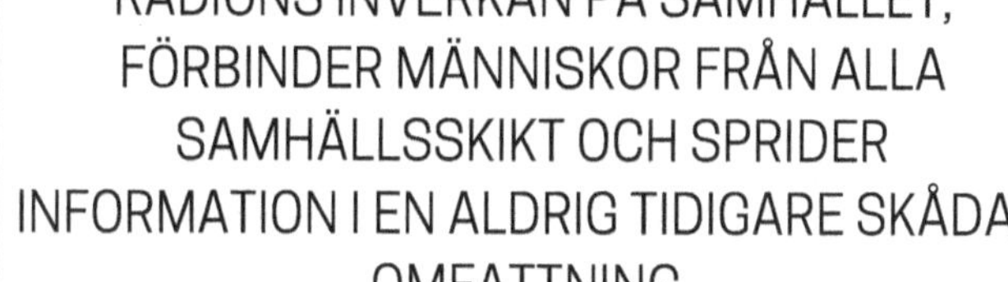

86

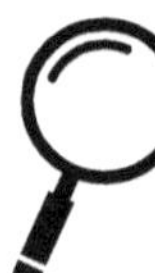

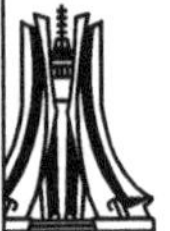

ÄVEN OM MAJORITETEN AV FRIMÄRKENA ÄR AVSEDDA FÖR PORTO, FINNS DET FRIMÄRKEN SPECIELLT UTFORMADE FÖR UTBILDNINGSÄNDAMÅL. DESSA FRIMÄRKEN, OFTA INTE GILTIGA FÖR PORTO, ÄR SKAPADE FÖR ATT LÄRA ELEVERNA HISTORISKA, GEOGRAFISKA ELLER KULTURELLA FAKTA. DE KAN INGÅ I UTBILDNINGSSATSER ELLER BÖCKER AVSEDDA FÖR SKOLOR. FÖR FILATELISTER ERBJUDER DESSA FRIMÄRKEN EN UNIK INBLICK I EN NATIONS UTBILDNINGSINSATSER OCH KAN VARA EN INTRESSANT UNDERKATEGORI ATT SAMLA IN.

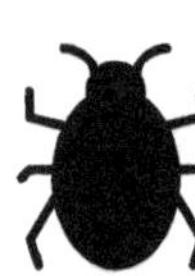
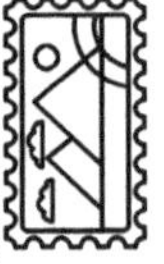
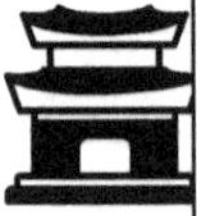
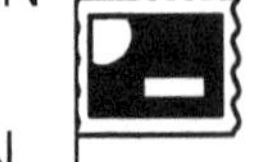
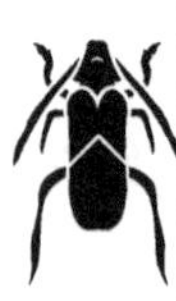
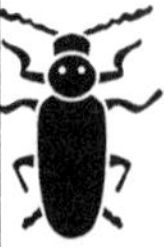
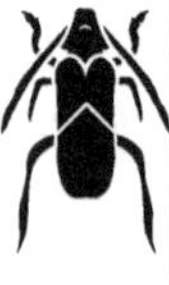

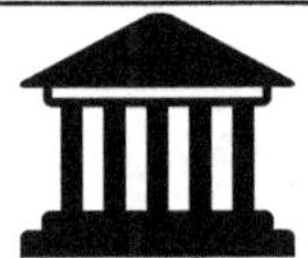
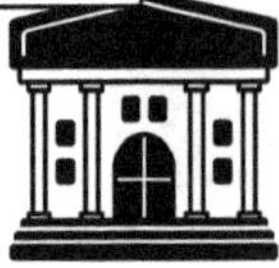

87

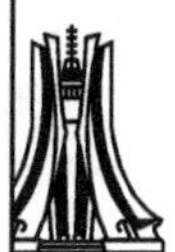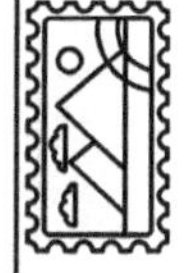

TEATER, EN URGAMMAL KONST ATT BERÄTTA OCH FRAMFÖRA, ÄR EN KRAFTFULL ÅTERSPEGLING AV KULTUR, KÄNSLOR OCH MÄNSKLIGA STRÄVANDEN. TEATERFRIMÄRKEN KAN HEDRA KÄNDA DRAMATIKER, IKONISKA PJÄSER ELLER MINNESVÄRDA FÖRESTÄLLNINGSSCENER. OAVSETT OM DU HYLLAR WILLIAM SHAKESPEARE, SKILDRAR EN SCEN FRÅN "LES MISÉRABLES" ELLER HYLLAR EN NATIONALTEATER, FÅNGAR DESSA FRIMÄRKEN ESSENSEN AV DRAMA OCH PASSION. FÖR FILATELISTER ERBJUDER DE EN RESA GENOM TEATERNS ÅLDRAR, FRÅN GREKISKA AMFITEATRAR TILL MODERNA SCENER.

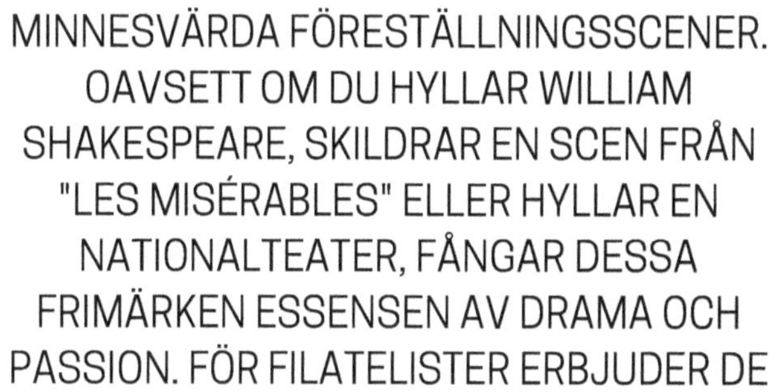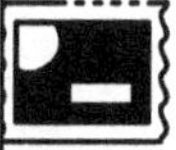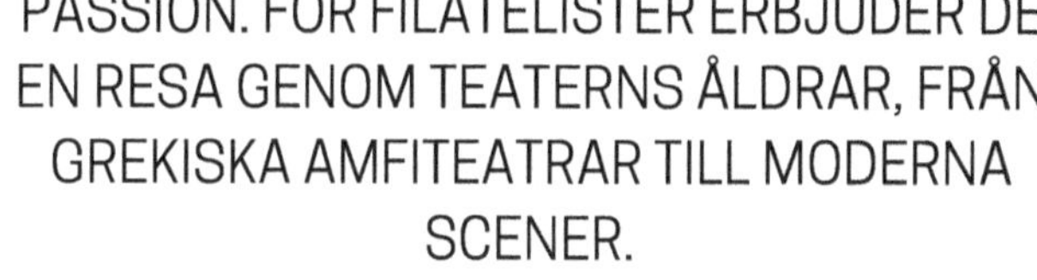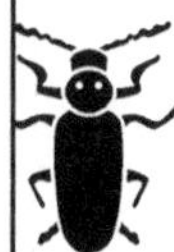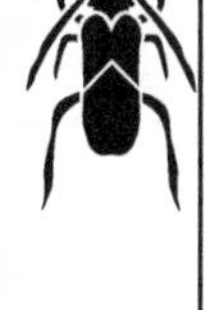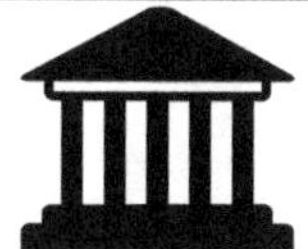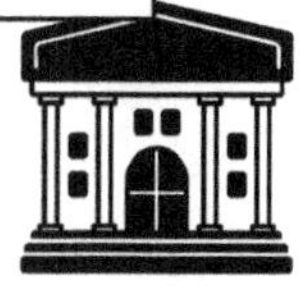

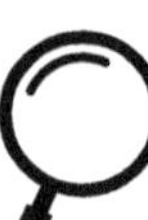
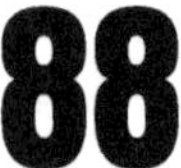
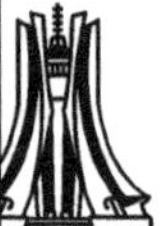
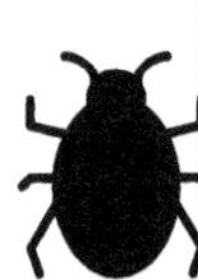

88

TEKNOLOGISKA FRAMSTEG HAR GJORT DET
MÖJLIGT ATT INTRODUCERA
MAGNETOKROMISKA BLÄCK I FILATELINS
VÄRLD. DESSA BLÄCK REAGERAR PÅ ETT
MAGNETFÄLT, VILKET GÖR ATT STÄMPELN
KAN ÄNDRA FÄRG ELLER AVSLÖJA DOLDA
MÖNSTER NÄR DE UTSÄTTS FÖR ETT
SÅDANT FÄLT. FÖRUTOM ATT DE ÄR
VISUELLA OCH INTERAKTIVA KAN DESSA
FRIMÄRKEN OCKSÅ FUNGERA SOM
SÄKERHETSÅTGÄRDER FÖR ATT FÖRHINDRA
FÖRFALSKNING. FILATELISTER ÄR OFTA
FASCINERADE AV DESSA FRÅGOR
EFTERSOM DE REPRESENTERAR EN
BLANDNING AV TRADITIONELL
FRIMÄRKSKONST OCH SAMTIDA
INNOVATIONER I MATERIAL.

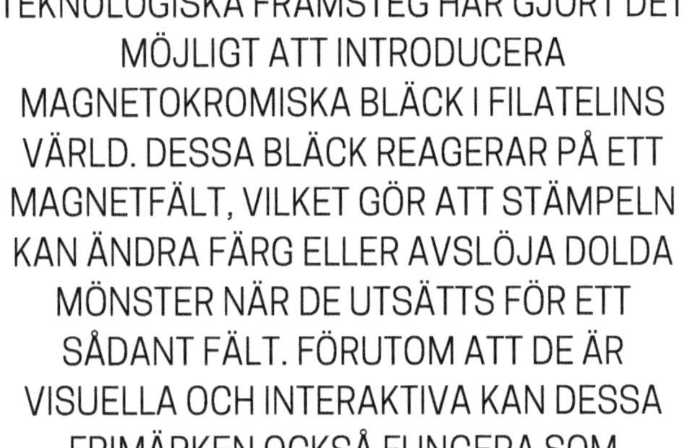
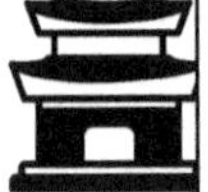
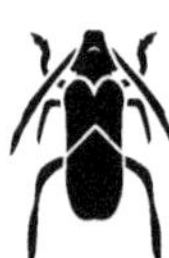
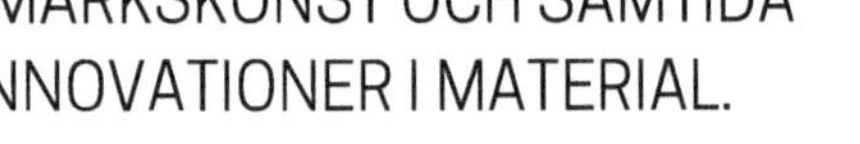
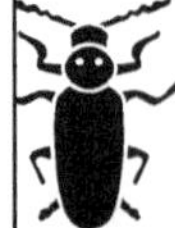
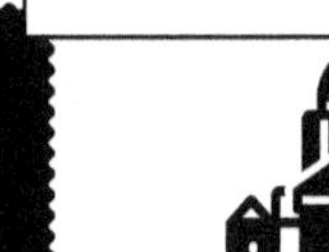
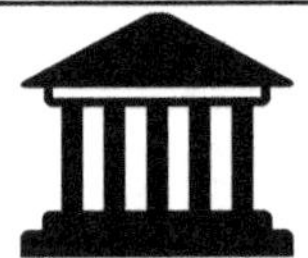
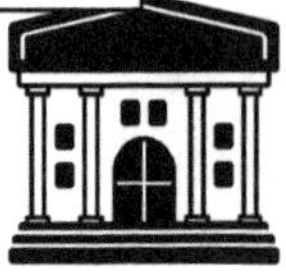

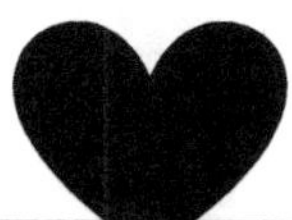

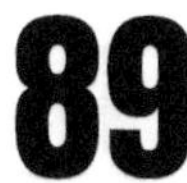

89

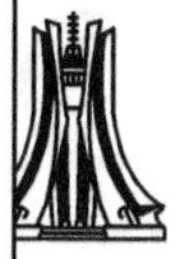

TV, SEDAN DESS TILLKOMST, HAR
REVOLUTIONERAT SÄTTET PÅ VILKET
INFORMATION, UNDERHÅLLNING OCH
KULTUR LEVERERAS. FRIMÄRKEN
DEDIKERADE TILL TV KAN FIRA PIONJÄRER
INOM MEDIET, IKONISKA SHOWER ELLER
MILSTOLPEÖGONBLICK INOM TV-
SÄNDNINGAR. ILLUSTRATIONER AV GAMLA
TV-APPARATER, PORTRÄTT AV SMÅ
SKÄRMIKONER ELLER MINNESVÄRDA
SCENER FRÅN SHOWER KAN
REPRESENTERAS. DESSA FRIMÄRKEN
PÅMINNER OM TV:S DJUPA INFLYTANDE PÅ
DET MODERNA SAMHÄLLET, FORMAR
ÅSIKTER, LIVSSTILAR OCH SOCIALA
INTERAKTIONER.

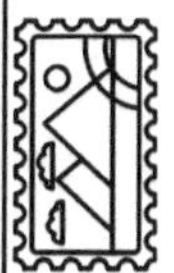
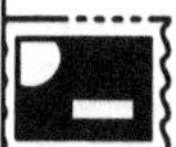
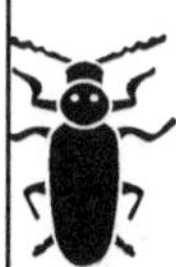
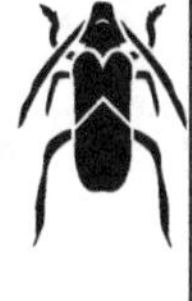
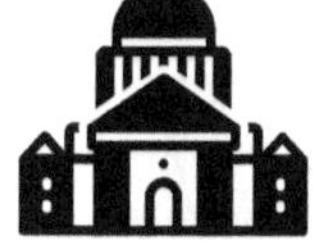
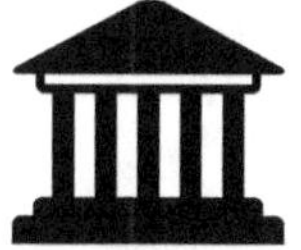
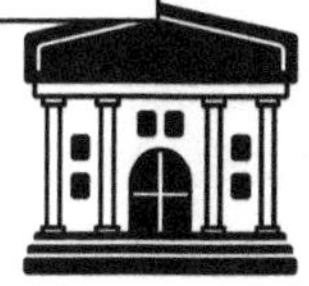

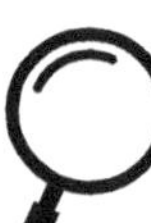
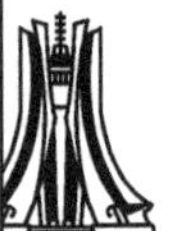
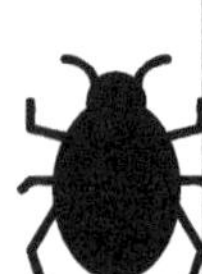
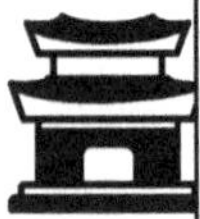
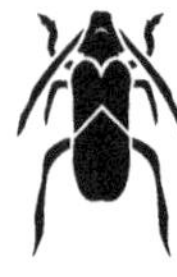
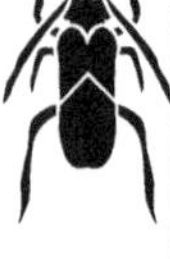

90

TRO OCH ANDLIGHET SPELAR EN VIKTIG ROLL I MÅNGA KULTURER RUNT OM I VÄRLDEN. VISSA FRIMÄRKEN, ÄVEN OM DE ÄR GILTIGA FÖR PORTO, ÄR SPECIELLT UTFORMADE FÖR ATT FIRA RELIGIÖSA HÄNDELSER, FIGURER ELLER PLATSER. DE KAN ANVÄNDAS FÖR ATT SKICKA MEDDELANDEN UNDER RELIGIÖSA HÖGTIDER, FÖR ATT DEKORERA FÖREMÅL FÖR TILLBEDJAN ELLER FÖR ATT MARKERA PILGRIMSFÄRDER. DESSA FRIMÄRKEN KAN FÖRESTÄLLA BIBLISKA SCENER, RELIGIÖSA IKONER ELLER IKONISKA PLATSER FÖR TILLBEDJAN. FÖR FILATELISTER ERBJUDER DE INSIKT I EN NATIONS TRADITIONER, ÖVERTYGELSER OCH RELIGIÖSA SEDVÄNJOR.

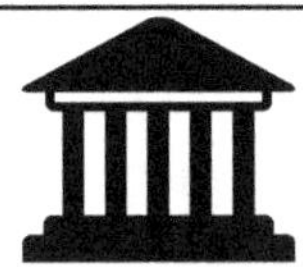
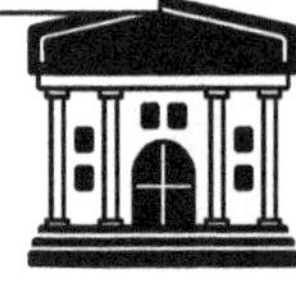

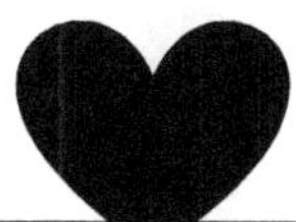

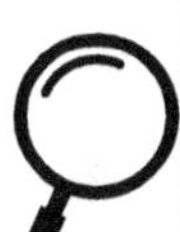
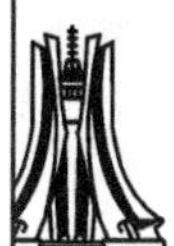

91

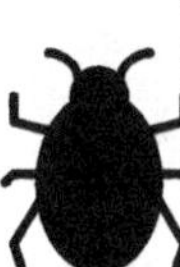
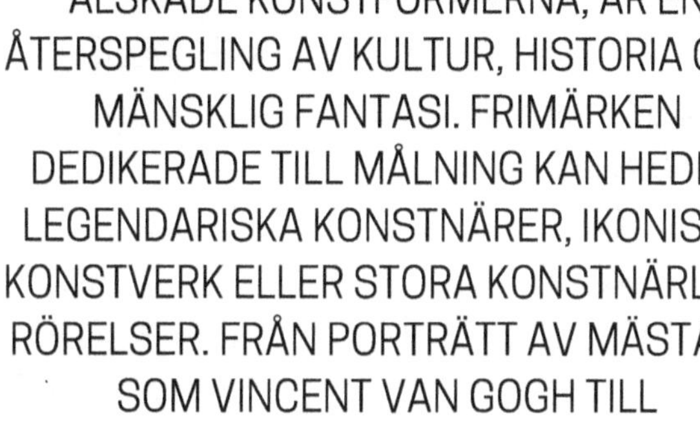
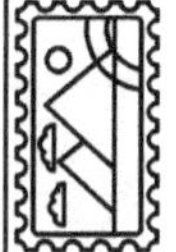

MÅLERI, EN AV DE ÄLDSTA OCH MEST ÄLSKADE KONSTFORMERNA, ÄR EN ÅTERSPEGLING AV KULTUR, HISTORIA OCH MÄNSKLIG FANTASI. FRIMÄRKEN DEDIKERADE TILL MÅLNING KAN HEDRA LEGENDARISKA KONSTNÄRER, IKONISKA KONSTVERK ELLER STORA KONSTNÄRLIGA RÖRELSER. FRÅN PORTRÄTT AV MÄSTARE SOM VINCENT VAN GOGH TILL MINIATYRREPRODUKTIONER AV BERÖMDA MÅLNINGAR SOM MONA LISA, DESSA FRIMÄRKEN ERBJUDER ETT FÖNSTER IN I MÅLERIETS FÄRGSTARKA OCH UTTRYCKSFULLA VÄRLD. DE TILLÅTER FILATELISTER ATT UPPSKATTA NYANSERNA, STILARNA OCH UTVECKLINGEN AV DENNA KONST GENOM TIDERNA.

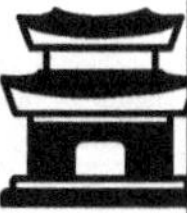

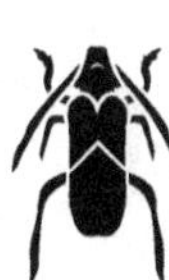
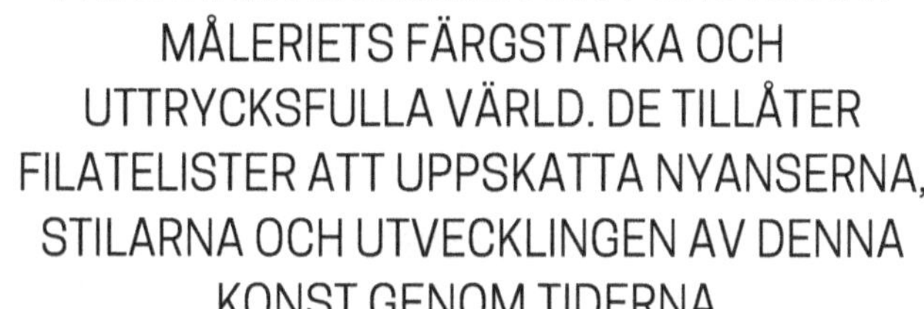
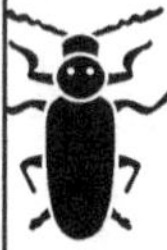
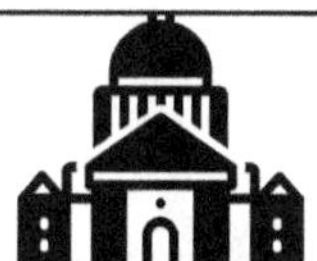
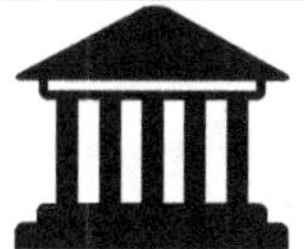
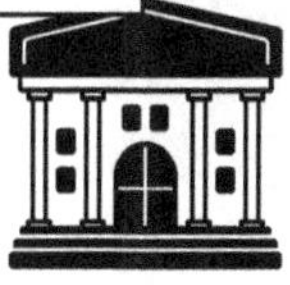

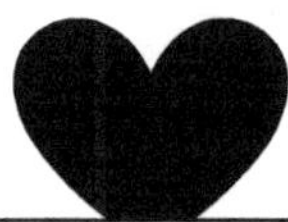

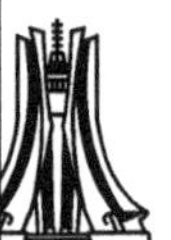

92

ANVÄNDNINGEN AV BAROKROMBLÄCK ÄR ETT FASCINERANDE EXEMPEL PÅ HUR FILATELI MÖTER VETENSKAP. DESSA SPECIELLA BLÄCK ÄNDRAR FÄRG SOM SVAR PÅ VARIATIONER I ATMOSFÄRSTRYCK, VILKET GER ETT INTERAKTIVT OCH PEDAGOGISKT ELEMENT. EN SÅDAN STÄMPEL SKULLE TILL EXEMPEL KUNNA ANVÄNDAS SOM EN ENKEL INDIKATOR PÅ VÄDERFÖRÄNDRINGAR. UTÖVER SIN PRAKTISKA ANVÄNDBARHET ERBJUDER DESSA FRIMÄRKEN OCKSÅ EN UNIK UPPLEVELSE FÖR SAMLARE, SOM KOMBINERAR FILATELINS ESTETIK MED INNOVATIVA KEMISKA OCH FYSIKALISKA EGENSKAPER.

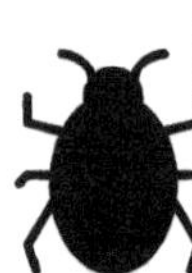
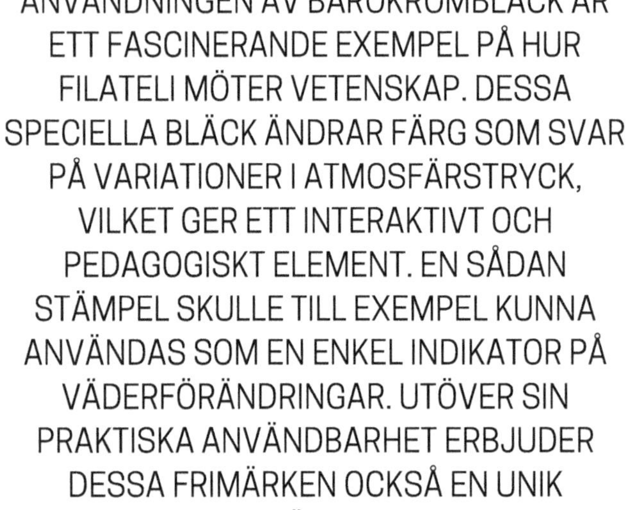
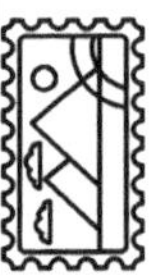
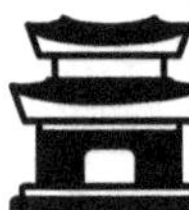

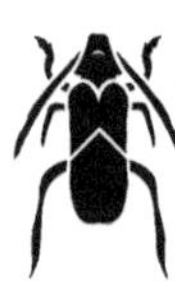
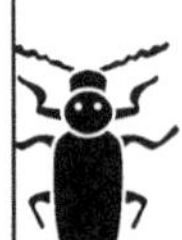
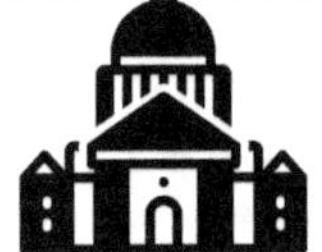
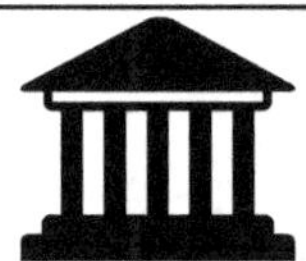
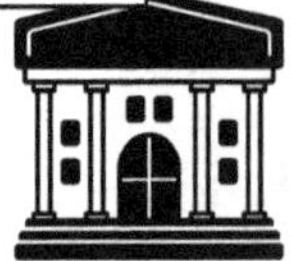

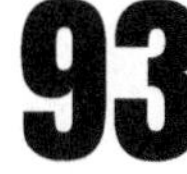
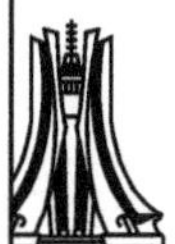

93

SKULPTUR, EN TREDIMENSIONELL KONST
SOM GER MATERIAL SOM STEN, TRÄ ELLER
METALL LIV, HAR HYLLATS OCH
UPPSKATTATS GENOM TIDERNA. FRIMÄRKEN
DEDIKERADE TILL SKULPTUR KAN INNEHÅLLA
IKONISKA VERK, KÄNDA SKULPTÖRER ELLER
SPECIELLA TEKNIKER. OAVSETT OM DET ÄR
EN MINIATYRREPRESENTATION AV
FRIHETSGUDINNAN, ETT PORTRÄTT AV
MICHELANGELO ELLER ETT SAMTIDA
KONSTVERK, FÅNGAR DESSA FRIMÄRKEN
ESSENSEN AV RELIEF, FORM OCH UTTRYCK.
FÖR FILATELISTER ERBJUDER DE EN VISUELL
UTFORSKNING AV HUR MÄNNISKAN HAR
FORMAT OCH TOLKAT VÄRLDEN OMKRING
SIG GENOM SKULPTUR.

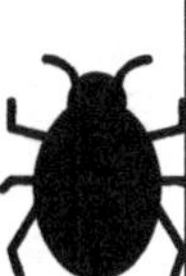
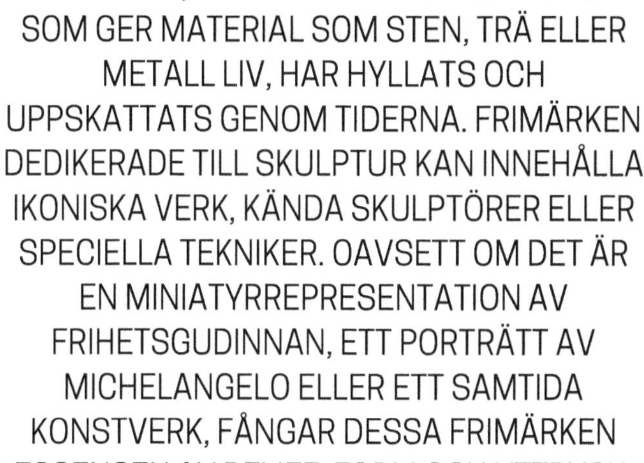
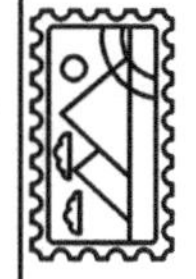
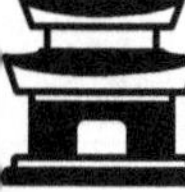
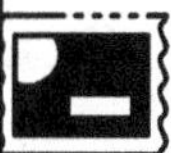
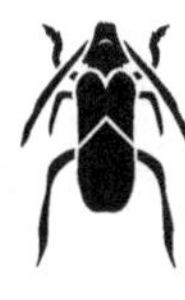
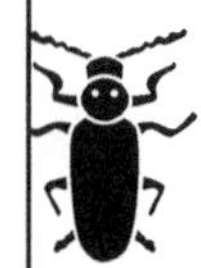

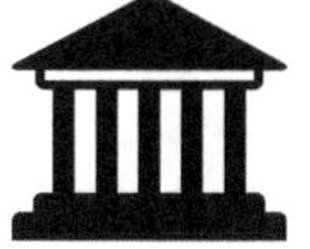
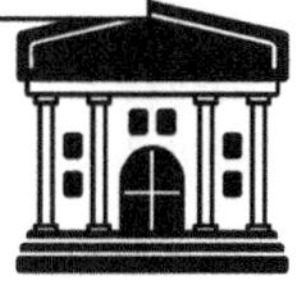

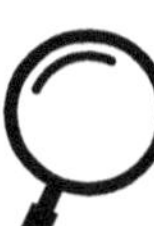
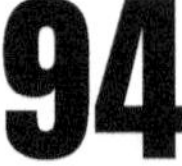
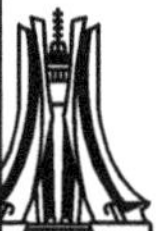

94

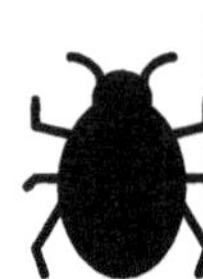
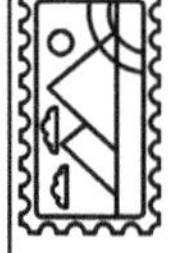

UTÖVER TRADITIONELLT CIVILT PORTO FINNS
DET FRIMÄRKEN SPECIELLT AVSEDDA FÖR
MILITÄRT BRUK. DESSA FRIMÄRKEN, OFTA
KALLADE "MILITÄRA FRANCHISEFRIMÄRKEN",
KAN ANVÄNDAS AV MEDLEMMAR AV DE
VÄPNADE STYRKORNA FÖR ATT SKICKA
POST, OFTA UTAN KOSTNAD ELLER TILL EN
REDUCERAD SKATTESATS. DERAS DESIGN
KAN SPEGLA MILITÄRA TEMAN,
ENHETSEMBLEM ELLER PATRIOTISKA MOTIV.
DESSA NUMMER GER FRIMÄRKSSAMLARE
INSIKT I DE MILITÄRA ASPEKTERNA AV EN
NATION, SÅVÄL SOM HISTORISKA PERIODER
AV KONFLIKT, FRED OCH TJÄNST.

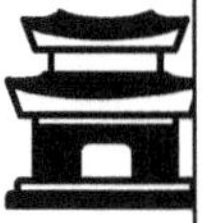
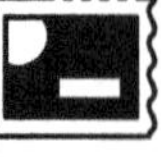
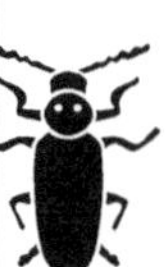
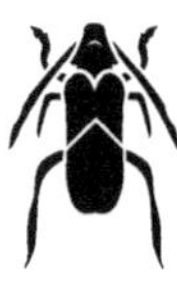

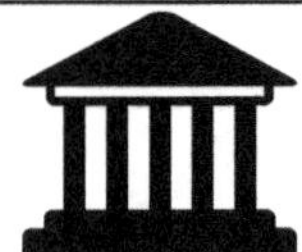
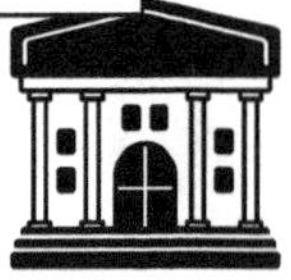

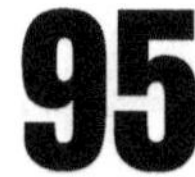

95

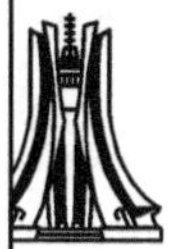

FOTOGRAFI, KONSTEN OCH VETENSKAPEN
ATT FÅNGA ÖGONBLICK, HAR DJUPT
PÅVERKAT HUR VI DOKUMENTERAR OCH
UPPFATTAR VÄRLDEN. FRIMÄRKEN
DEDIKERADE TILL FOTOGRAFI KAN HEDRA
PIONJÄRER INOM DISCIPLINEN,
EMBLEMATISKA BILDER ELLER TEKNISK
UTVECKLING. OAVSETT OM DET ÄR EN BILD
AV LOUIS DAGUERRE, FOTOGRAFIETS FADER,
ELLER EN REPRODUKTION AV ETT
HISTORISKT FOTOGRAFI, TJÄNAR DESSA
FRIMÄRKEN SOM EN PÅMINNELSE OM
FOTOGRAFIETS INVERKAN OCH BETYDELSE I
VÅR KULTUR. FÖR FILATELISTER
REPRESENTERAR DE EN BLANDNING AV
BILDKONST OCH TEKNISK INNOVATION, OCH
FÅNGAR ÖGONBLICK SOM ÄR FRUSNA I
TIDEN.

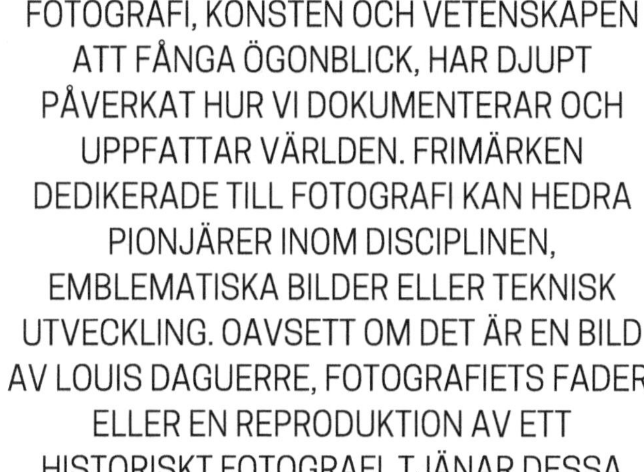
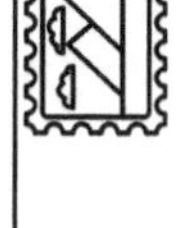
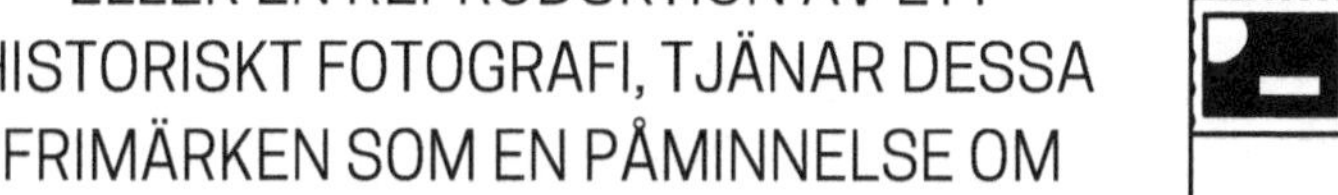
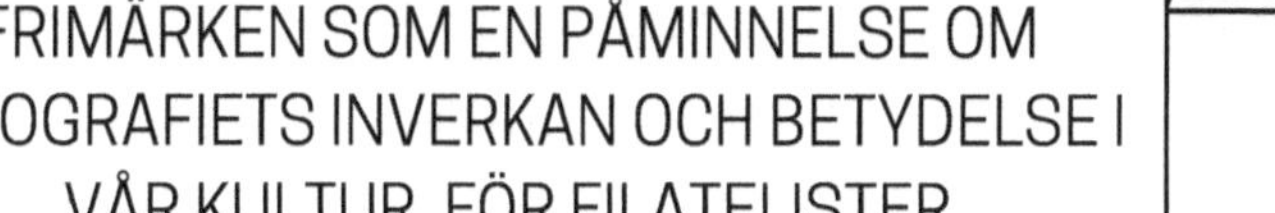
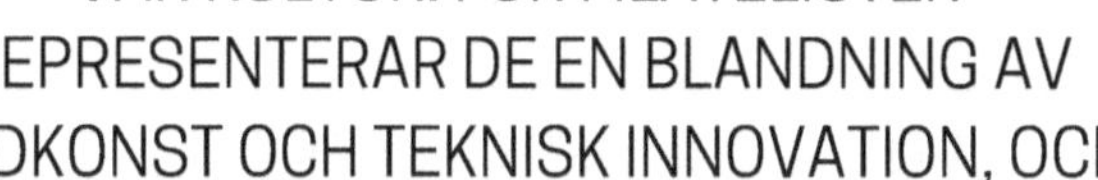
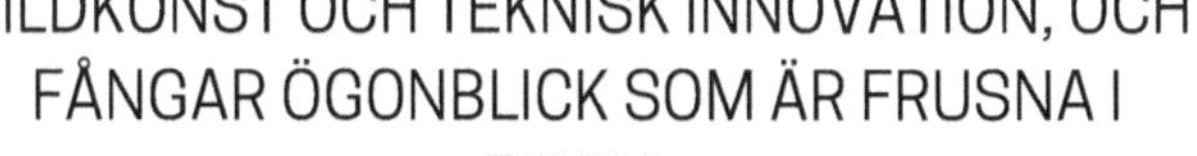
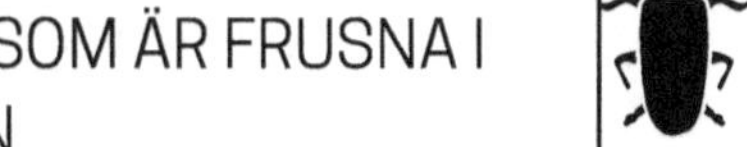
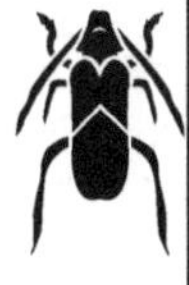

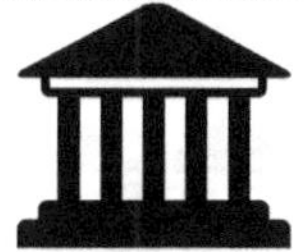
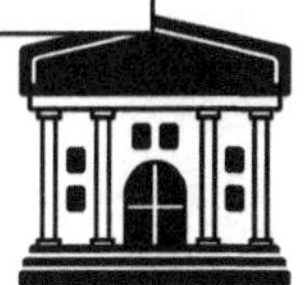

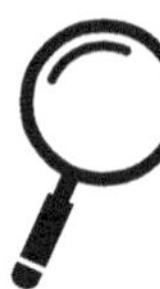

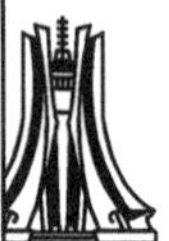

96

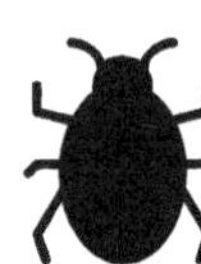

MED UTSKRIFTSTEKNIKENS FRAMSTEG HAR
FOTOREAKTIVA BLÄCK ANVÄNTS FÖR ATT
LÄGGA TILL DOLDA ELEMENT TILL
FRIMÄRKEN. DESSA SPECIELLA BLÄCK ÄR
OSYNLIGA ELLER VISAR EN ANNAN FÄRG
UNDER NORMALT LJUS, MEN AVSLÖJAR
DISTINKTA MÖNSTER ELLER FÄRGER NÄR DE
UTSÄTTS FÖR ULTRAVIOLETT (UV) LJUS.
DESSA FUNKTIONER GER INTE BARA EN
SPÄNNANDE DIMENSION TILL
FRIMÄRKSINSAMLING, DE FUNGERAR OCKSÅ
SOM SÄKERHETSÅTGÄRDER FÖR ATT
AUTENTISERA FRIMÄRKEN OCH MOTVERKA
FÖRFALSKNING. FÖR SAMLARE ERBJUDER
DESSA FRIMÄRKEN EN UNIK UPPLEVELSE,
SOM KOMBINERAR ESTETIK MED
INNOVATIVA KEMISKA EGENSKAPER.

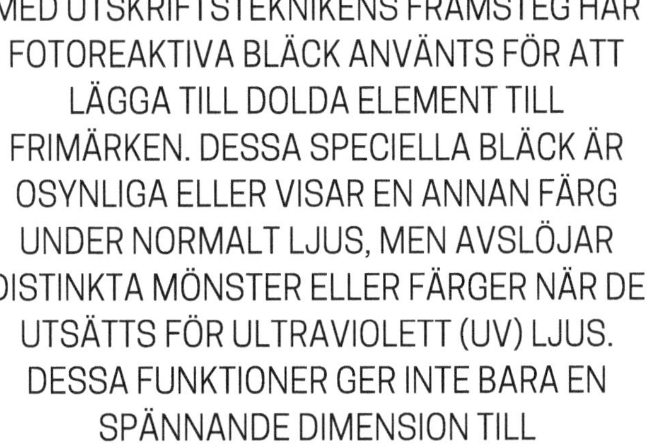
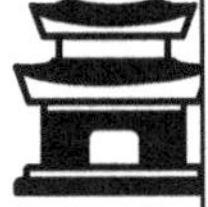
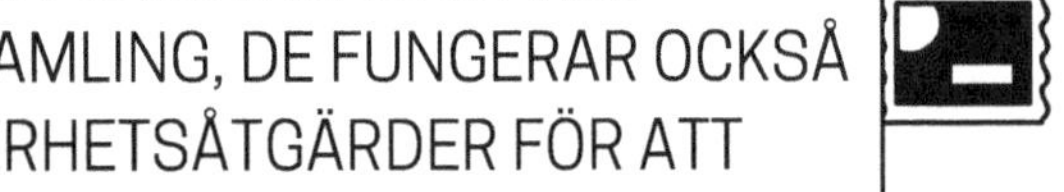
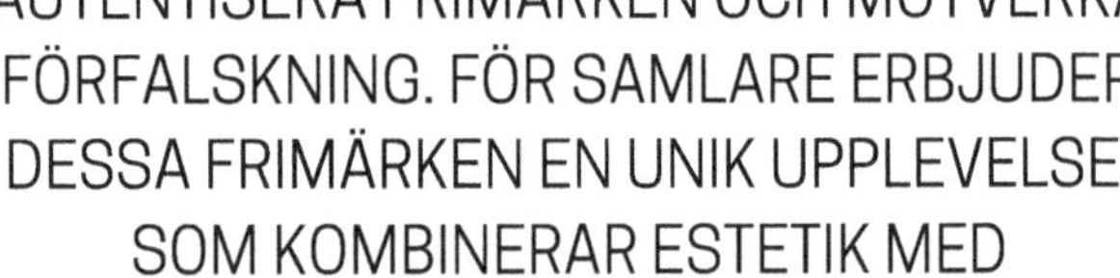
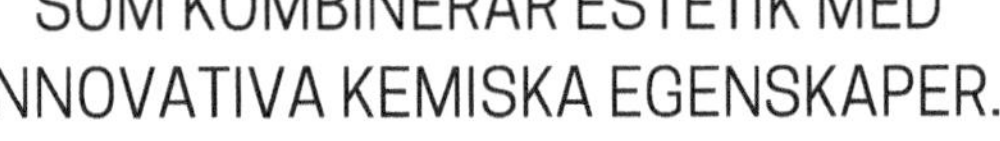
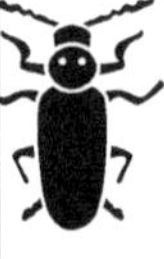
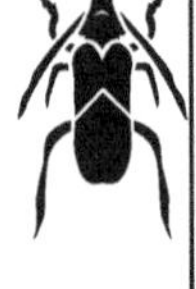
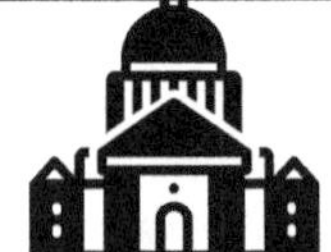
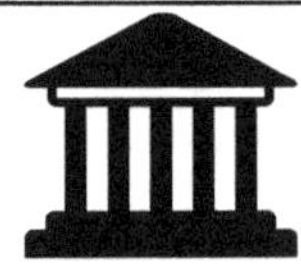
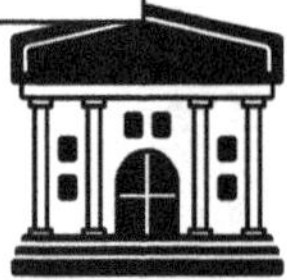

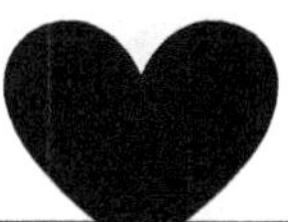

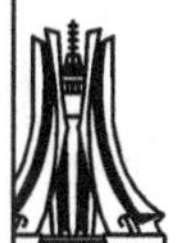
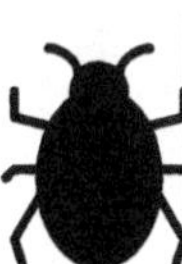
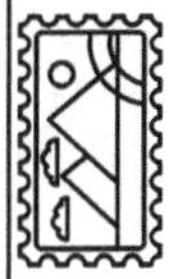
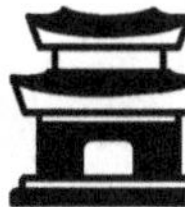
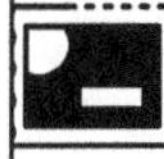

97

GRAVERING, EN KONSTNÄRLIG TEKNIK SOM GÅR UT PÅ ATT SNITTA ETT MÖNSTER PÅ EN HÅRD YTA, ÄR EN URÅLDRIG KONST SOM HAR SPELAT EN VIKTIG ROLL I STÄMPELTRYCK. FRIMÄRKEN DEDIKERADE TILL GRAVYR KAN FIRA MÄSTERGRAVÖRER, IKONISKA VERK ELLER SPECIFIKA GRAVYRTEKNIKER. OAVSETT OM DET ÄR EN REPRODUKTION AV ETT BERÖMT TRYCK ELLER EN HYLLNING TILL EN GRAVYRKONSTNÄR, FRAMHÄVER DESSA STÄMPLAR FINESSEN OCH DETALJERNA SOM DENNA TEKNIK GER. FILATELISTER UPPSKATTAR SÄRSKILT GRAVERADE STÄMPLAR FÖR DJUPET, TEXTUREN OCH KVALITETEN PÅ INTRYCKET DE ERBJUDER, VILKET ÅTERSPEGLAR HANTVERK OCH TRADITION.

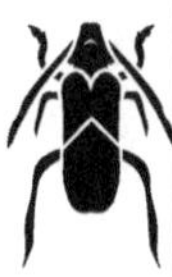
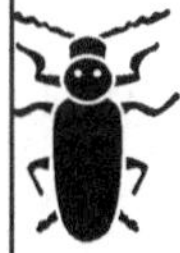

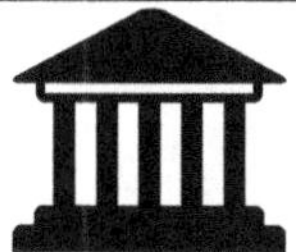
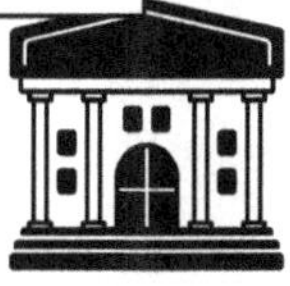

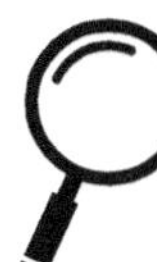
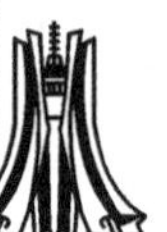

98

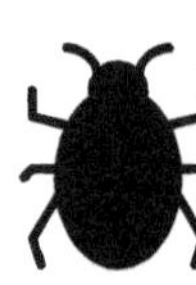
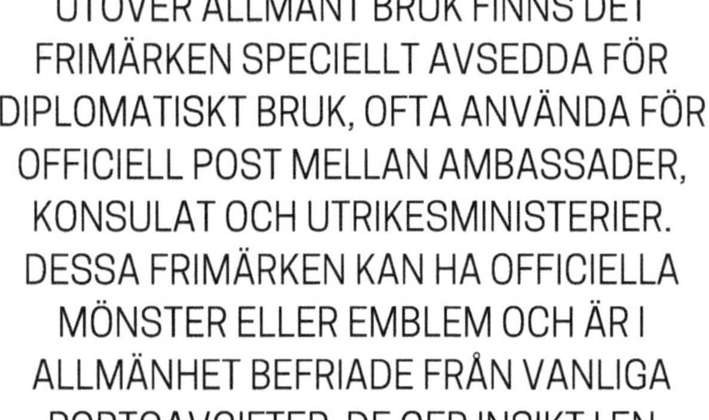
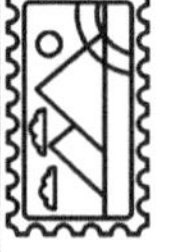
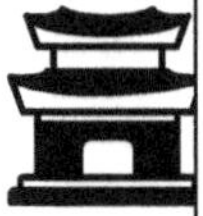
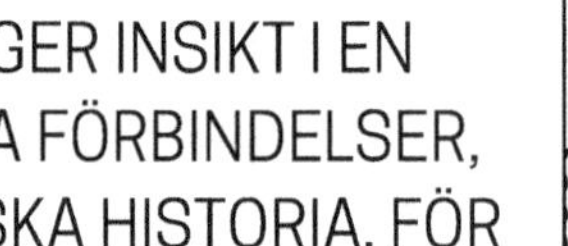
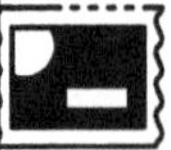

UTÖVER ALLMÄNT BRUK FINNS DET
FRIMÄRKEN SPECIELLT AVSEDDA FÖR
DIPLOMATISKT BRUK, OFTA ANVÄNDA FÖR
OFFICIELL POST MELLAN AMBASSADER,
KONSULAT OCH UTRIKESMINISTERIER.
DESSA FRIMÄRKEN KAN HA OFFICIELLA
MÖNSTER ELLER EMBLEM OCH ÄR I
ALLMÄNHET BEFRIADE FRÅN VANLIGA
PORTOAVGIFTER. DE GER INSIKT I EN
NATIONS DIPLOMATISKA FÖRBINDELSER,
PROTOKOLL OCH POLITISKA HISTORIA. FÖR
SAMLARE REPRESENTERAR DESSA
FRIMÄRKEN EN SPECIFIK UNDERKATEGORI
AV FILATELI, SOM ÅTERSPEGLAR FORMELLA
UTBYTEN OCH KOMMUNIKATIONER MELLAN
NATIONER. DESSA SÄNDNINGAR
ÅTERSPEGLAR BETYDELSEN OCH
FORMALITETEN I INTERNATIONELLA
RELATIONER I DIPLOMATINS VÄRLD.

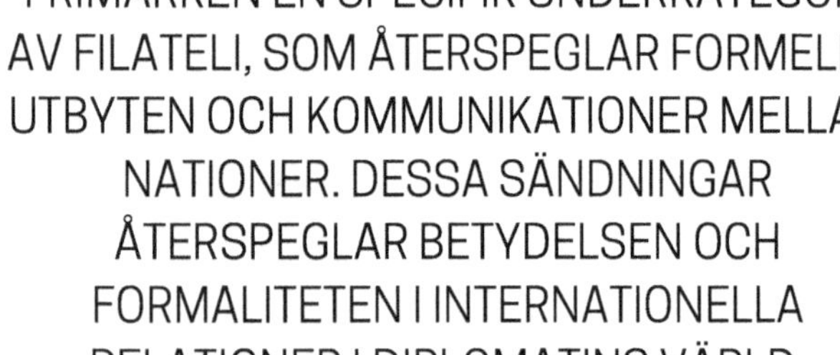
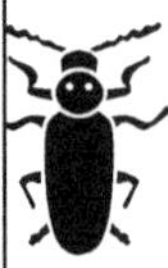
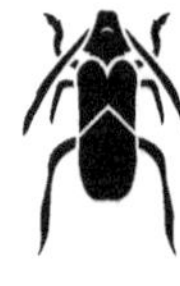
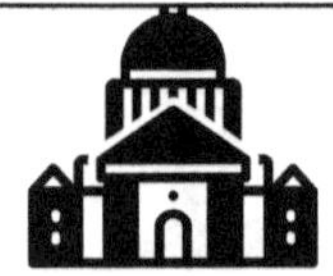
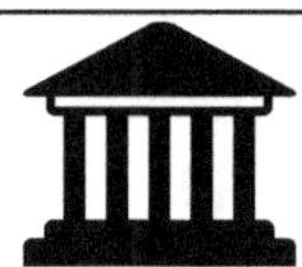
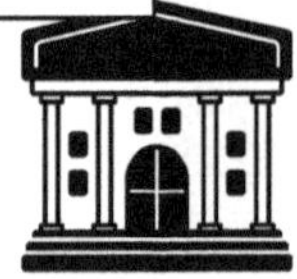

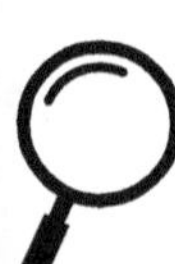
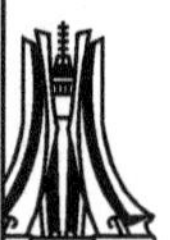

99

KERAMIK, FÖRFÄDERNAS KONST ATT FÖRVANDLA LERA TILL HÅLLBARA FÖREMÅL GENOM BRÄNNING, ÄR ETT VITTNESBÖRD OM CIVILISATIONERNAS KONSTNÄRLIGA OCH PRAKTISKA FÄRDIGHETER GENOM TIDERNA. FRIMÄRKEN DEDIKERADE TILL KERAMIK KAN LYFTA FRAM EMBLEMATISK KERAMIK, KÄNDA KERAMIKER ELLER INNOVATIVA KERAMISKA TEKNIKER. OAVSETT OM DET ÄR EN SKILDRING AV DELIKAT MING-PORSLIN, EN ANTIK GREKISK AMFORA ELLER ETT MODERNT MÄSTERVERK, DESSA FRIMÄRKEN HYLLAR SKÖNHETEN OCH MÅNGFALDEN I DENNA KONST. FÖR FILATELISTER ERBJUDER DE ETT INTRÅNG I HISTORIA OCH KULTUR, GENOM FORMERNA, MÖNSTREN OCH FÄRGERNA PÅ DEN REPRESENTERADE KERAMIKEN.

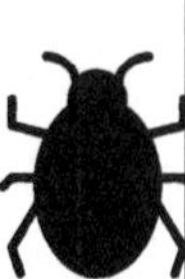
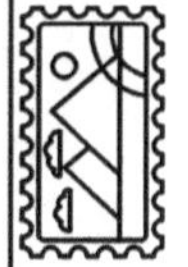
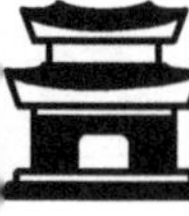
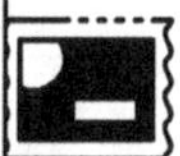
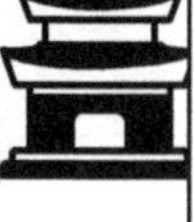
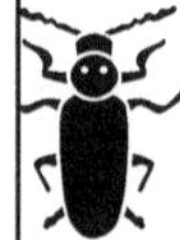
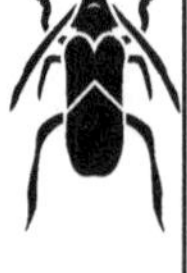
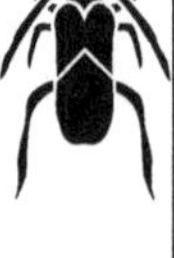

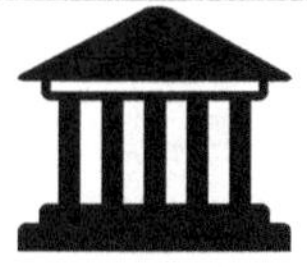
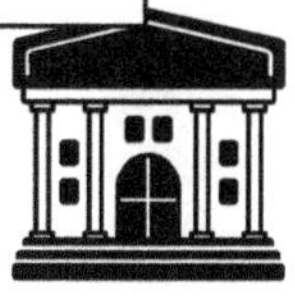

100

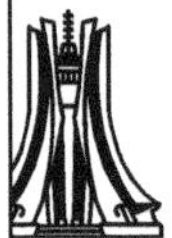

INFÖRANDET AV RADIOKROMA BLÄCK ÄR EN BEDRIFT AV MODERN TRYCKTEKNIK. DESSA SPECIELLA BLÄCK KAN ÄNDRA FÄRG ELLER NYANS NÄR DE UTSÄTTS FÖR SPECIFIKA NIVÅER AV RADIOAKTIVITET. ÄVEN OM DERAS ANVÄNDNING KAN VARA BEGRÄNSAD PÅ GRUND AV SÄKERHETSPROBLEM, KAN DE ANVÄNDAS I UTBILDNINGSSYFTE, FÖR ATT ÖKA MEDVETENHETEN OM FENOMENET RADIOAKTIVITET ELLER FÖR SPECIFIKA UPPTÄCKTSÄNDAMÅL. FÖR FILATELISTER ÄR DESSA FRIMÄRKEN EN KURIOSA, SOM ILLUSTRERAR SAMMANSMÄLTNINGEN AV KÄRNKRAFTSVETENSKAP OCH FILATELI, SAMTIDIGT SOM DE LYFTER FRAM TEKNISKA FRAMSTEG INOM BLÄCK OCH TRYCKMATERIAL.

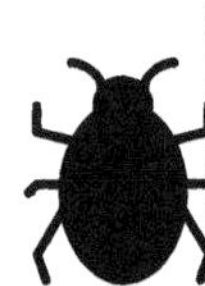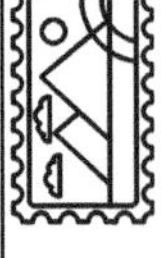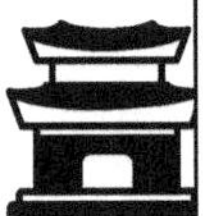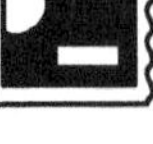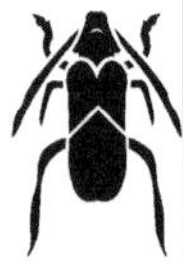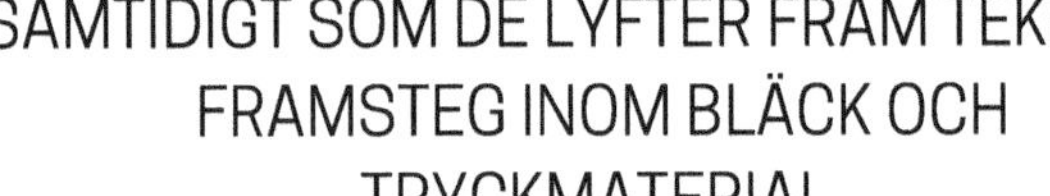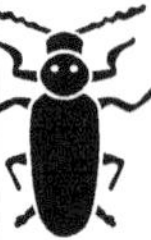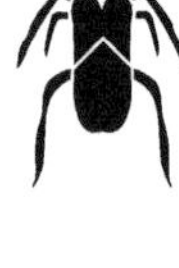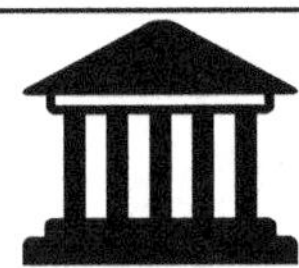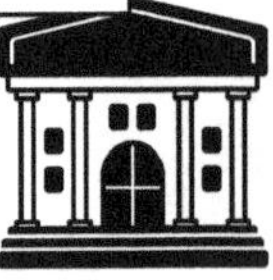

9 798863 095615